KB214295

마음을 찾아가는
참회여행

소원을 빌면서...

나의 소원은 무엇인가?
이 시대에 맞는 소원은 어떻게 빌어야 할까?
곰곰이 생각해 보았습니다.
매일매일 부처님 전에 기도 올리며 하는 축원을
더 세심하고 깊이 있고 폭넓게 하려고 노력했습니다.

소원은 희망과 같은 말이라서
삶의 목표와 갈 길을 알려줍니다.
소원을 비는 것은
단순히 어떻게 되면 좋겠다는 바람만 있는 것이 아니라
자신을 다스리고 조율해 주는 의지처입니다.

우리네 인생은 고해 바다라고 해서
너무나 힘들게 살아갑니다.

기도할 때마다 이 책을 펼쳐 한 편씩 읽는다면
힘든 삶 속에서 희망을 품고 살아가는 법을 익혀
자신만의 기도법을 완성해 나갈 것입니다.

정월 보름날에
황산 손 모음

황산 스님

91년 해인사에서 사미계 수지

94년 범어사에서 비구계 수지

2008년 이후 황룡사 주지

마음을 찾아가는

참회여행

참회를 하면서부터 비로소 불교공부가 시작되는 것입니다

제1일 (참회기도 1)

내 삶이 소중하듯 타인의 삶도 소중하다는 것을 잊고 살아온 죄를 참회합니다.

내 마음이 복잡하여 고뇌하고 우울해 있다면
알게 모르게 타인에게 피해를 주고 있는 것이며
죄를 짓고 살아가는 것이니
한량없는 업장을 참회합니다.

본래의 마음은 맑고 청정하여
기쁨으로 가득한 것을 모르고
애욕에 휘말려 불안하게 살아온 죄를
참회합니다.

우리가 살아가는 모든 모양새는
기적 아닌 것이 없습니다.

그 삶이 환희로운 일임을 잊고 살아가는 어리석음을
부처님께 참회합니다.

제2일 (참회 기도 2)

전생으로부터 지금까지 지어온 죄의 양이
수미산보다 큰데도 불구하고
반성하지 않고 살아온 죄를 참회합니다.

남에게 피해 안 주면 잘 사는 것이라고
착각하며 살아온 죄를 참회합니다.

음식 먹고, 옷을 입고, 집을 지어 살고, 차를 타는 등의
모든 생활들은 결국 자연계 생명을 해치는 일들이었으니
모르고 살아온 죄를 참회합니다.

남을 도우며 살았더라도
죗값을 다 치루기 어려운데도 불구하고,
돕기는커녕 이기적인 마음으로 살아가는 죄를 참회합니다.

나 자신은 배신과 구설, 분별, 차별을 자주 하면서도
그것을 저지르고 있는지도 모르며 살아온 죄를
참회합니다.

나의 실수엔 관대하고,
남의 실수엔 너무 민감하게 반응한 죄를 참회합니다.

부처님이시여!
저에게 지혜를 주소서!

제3일 (삼보에 귀의)

불 · 법 · 승 삼보를 만나
윤회의 고통에서 벗어날 기회를 얻었으니
너무나 감사합니다.

삼보에 귀의하니
가족과 친구, 이웃, 국가 등이 나에게
생명을 주고 힘을 주는 고마운 인연이란 것을
알게 되어 더없이 감사합니다.

삼보께 귀의하니
지난날의 성냄과 욕심, 어리석음이
나와 남을 고통스럽게 했다는 것을 알아
이제부터는 욕심내지 않고
화, 짜증, 시기, 질투를 하지 않겠다고
다짐하게 되었습니다.

삼보에 귀의하는 이들은 모두 도반이며 가족입니다.
삼보에 귀의했다 하여도 욕심과 성냄, 편향된 생각 등에
가득 찬 사람들이 적지 않습니다만
삼보에 귀의한 그것 하나만으로도
그들을 미워하지 않고 용서하고 이해하고 사랑하겠습니다.
삼보님이 언젠가는 그들을 철들게 하기 때문입니다.
오로지 나와 남을 삼보께 귀의케 하여
깨달음을 얻게 하는 것에만 집중하겠습니다.
재물과 명예, 관계에서의 갈등 등은
물거품 같고 그림자 같으며 이슬 같은 것들이니
최선은 다하겠지만 일희일비하지 않고 꿋꿋이
가는 길을 가겠습니다.

부처님이시여!
저희들에게 지혜를 주소서!

제4일 (자존심)

나에게 자존심이 있습니다.
그 자존심을 지키려다가 상처를 준 죄를 부처님 전에 참회합니다.

나의 자존심에 취해
분노하고, 화내고, 욕심내고, 무시하고, 짜증내고,
나쁘게 말하고, 시기 질투한 죄를
참회합니다.

나의 자존심만 생각하고
타인의 자존심을 생각지 않는 어리석은 자신을
참회합니다.

나와 남이 다르지 않아
상대의 자존심을 지켜주려 노력하면

바로 진실한 사람이 될 수 있습니다.

남의 자존심을 살려주려면
보시바라밀, 지계바라밀, 인욕바라밀, 정진바라밀,
선정바라밀, 지혜바라밀을 잘 활용하여야 합니다.
남의 자존심을 지켜주려 보시행을 많이 하지 않은 죄를
참회합니다.

친절한 미소와 작은 선물, 말 상대 되어주기,
동고동락하기, 칭찬해주기 등이
남의 자존심을 살려주는 좋은 것인데도
하지 않은 죄를 참회합니다.

부처님이시여!
제가 모든 생명의 자존심을 살려주는 사람이 되게 하소서!

제5일 (차별심)

차별, 분별심으로 살아온 죄를 참회합니다.
나는 차별받기 싫으면서
내가 남을 알게 모르게 차별한 적이
무수히 많았다는 것을 고백합니다.

돈이 많고 적음, 외모의 정도, 나이, 성별, 지역과
학력 등으로 사람을 평가해온 자신을 참회합니다.
사상이나 철학, 종교, 정치 성향, 생각이 다르다고
차별하거나 미워하고 악담한 죄를 참회합니다.
그런 차별, 분별심 때문에 스스로 자신에게도
돈 없음과 외모 부족의 열등감 등으로
자기학대까지 한 죄를 참회합니다.

자신은 타인을 차별하면서
타인이 누군가를 차별하는 모습을 보면

분노하여 왔습니다.
내 마음의 차별심이 원인이 되어
세상 사람들도 덩달아 차별하며 살게 되니
모든 악의 근본은 자신임을 고백하며 참회합니다.

부처님!
저는 오늘부터 차별, 분별하지 않겠습니다.
재물이 많고 적음으로 판단치 않을 것이며,
나이와 외모, 종교로 사람을 평가하지 않을 것입니다.
지역이나 학력, 능력에 따라 차별하지 않을 것입니다.
외모나 소유, 지역, 종교, 학력, 능력, 나이에 관계없이
모든 생명을 존중하겠습니다.
그들이 있기에 제가 존재하는 것이니
모두 다 고마운 분들입니다.
모든 생명을 부처님으로 모시며 살아가겠습니다.

제6일 (믿음, 사랑, 용서)

온 세상에 용서하지 못할 이 없습니다.
온 세상에 사랑하지 못할 이 없습니다.
온 세상에 믿지 못할 이 없습니다.

이렇게 큰마음을 쓸 수 있음에도 불구하고
욕심에 눈이 가리어져
미워하고 갈등하며 살아가는 죄를
참회합니다.

나와 남의 잘잘못에 민감하여
화내고 불평불만 하여
오히려 더 나쁜 상황을 만든 죄를
참회합니다.

누구든 실패하거나 잘못된 말과 행동을
할 수 있다는 것을 인정하지 않고
마냥 못 믿고, 용서 못 하고, 미워한 죄를
참회합니다.

저는 모든 생명을 믿을 것이며, 사랑할 것이며,
용서할 것입니다.

부처님!
제게 힘을 주소서!

제7일 (믿음)

믿음은 모든 진리와 공덕의 어머니입니다.
믿음은 모두를 참됨과 선함, 진실함으로 가게 합니다.
모든 존재들의 불성을 믿고 보게 되면
바로 가장 순수한 존재가 됩니다.

그러나 우리는 믿지 아니하고 늘 의심합니다.
긍정적인 것보다 부정적인 것을 더 많이 보고
추측하여 의심은 깊어집니다.
좋은 말은 덜하고 의심하고 추측하여
문제 있는 것만을 이야기하여 죄가 커지게 됩니다.

의심하여 넘겨짚어
나와 남을 혼란에 빠지게 한 죄를 참회합니다.
아무나 믿게 되면
이익보다는 해롭거나 이용당하게 된다며

지은 죄를 참회합니다.

의심과 불신은 차별심을 갖게 되어
누구에게는 잘하고
누구에게는 인색하게 행동하니
참회합니다.

불신이나 의심으로 인한 구설이나 소문은
사회를 좀먹는 벌레 같은 것인 줄 모르고 지은 죄를
참회합니다.

부처님이시여!
모든 생명을 신뢰하고 믿는 참 불자가 되게 해 주소서!

제8일 (열등감)

나만 열등감을 갖고 산다고
착각하며 살아온 죄를 참회합니다.
사람의 95% 이상이 열등감을 지니고 산다고 하니
타인들도 나보다 더 큰 열등감 속에 살아가는 것입니다.
기도하는 이 순간
나는 어떤 열등감을 갖고 있는지 생각해봅니다.

무능? 가난? 외모?
어떤 순간에 열등감을 느끼는지 늘 생각하겠습니다.
열등감으로 인해 생기는 번뇌와 말과 행동에
집중하여 알아차리겠습니다.
열등감으로 인해
시기 질투와 우울, 조울, 성냄, 기쁨, 애착, 증오 등이
생겨나는 것을 알아차리겠습니다.
본래 열등감이 있는 이유는

참다운 지혜로 나아가기 위해 있는 것입니다.
잘못을 알아야 잘못을 고치는 것처럼
무명 미혹을 고쳐 지혜를 완성하기 위해서는
열등감만큼 좋은 약은 없습니다.
그런데 지혜를 위해 써야 할 열등감을
탐욕과 쾌락을 위해 써왔으니
업장만 두터워질 뿐입니다.
내가 잘못된 열등감에 매여 있게 되면
결국 남을 괴롭힙니다.
입으로는 남을 돕는다 말하지만 결국 남을 해치게 되는
일이 일상이 되기 쉽습니다.
열등감을 잘 못 써온 죄를 참회합니다.

부처님이시여!
저에게 열등감을 통해 지혜로 나아가도록 힘을 주소서!

제9일 (돕는 인연)

우리가 만나는 모든 인연들은
사실 나를 돕기 위해 와 준 인연입니다.
어제 만난 모든 이들은
사실 나를 돕기 위해 와 준 인연입니다.
오늘 만날 모든 이들은
나를 돕기 위해 와 줄 인연들입니다.
이런 이치를 모르고 눈앞의 욕심으로
서로 갈등하고 의심하고 시기 질투한 죄를
참회합니다.

전생으로부터 지금껏
도움 받은 것이 수미산보다 높거늘
은혜 갚을 생각은 하지 않고
내 욕심만 차리고 살아온 죄를 참회합니다.

나에게 심각한 손해를 끼친 자도
내 것을 빼앗아간 자도
나를 무시한 자도
세상을 어지럽힌 자도
사실은 나를 돕기 위해 나타난 인연들입니다.
그런 사실을 몰라
그들을 비방하고 욕하고 미워한 죄를
참회합니다.

부처님!
제가 모든 이들을 사랑할 수 있고
용서할 수 있고
믿을 수 있도록
힘을 주소서!

제10일 (아는 것으로부터 자유)

공부하는 사람, 기도하는 사람의 가장 큰 문제는
'내가 잘 알고 있다.'라는 착각에 빠지는 것입니다.

아는 것으로 인해
감옥에 갇히는 것을 모르고 살아가는 죄를
참회합니다.

내가 공부할수록
남의 공부가 더 깊어지게 되는 원리를
이해하게 하소서.

내가 공부하면
남이 더 행복해지고 높아지게 해야 하는데,
오히려 자기 확신에 빠져
남을 의심하고 추측하고 결론 내려

그저 그렇게만 보게 되니
그 죄업이 수미산 같습니다.

부처님이시여!
아는 것으로부터 벗어나
자유를 얻게 해 주소서!

공부하면 할수록
상대가 더 높아 보이게
힘을 주소서!

상대가 더 행복해지고, 더 지혜로워지는
공부를 하겠습니다.

제11일 (함께 기뻐하기)

남이 잘되는 것을 보고
기뻐하지 않은 죄를 참회합니다.
남이 잘하고 있는 것을 칭찬하지 않고
당연하다고 여긴 죄를 참회합니다.
남이 나보다 잘하는 것을
불편하게 여긴 죄를 참회합니다.
남이 실패하거나 나보다 못하는 것을
기뻐한 죄를 참회합니다.

나는 실패해도 남이 성공하면
같이 함께 기뻐해 주고 칭찬하겠습니다.
남이 좋은 일을 하면 기적 같은 일이니
당연히 칭찬하겠습니다.
남 잘되면 나도 잘되게 되는 것이니
남이 잘되게 하기 위해 최선을 다하겠습니다.

잘되는 사람이 자기 자랑 한다 하여도
기분 나빠하지 않겠습니다.
자기 자랑하며 사는 것이 중생의 모습임을 이해하며
그냥 웃기만 하겠습니다.
설사 자기 자랑을 거짓이나 허풍으로 한다 하여도
예쁘게 봐주겠습니다.
타인을 공덕 짓게 하는 것이
내가 공덕 짓는 것보다 훨씬 중요하고 큰 일입니다.
내가 공덕 짓는 이유는
타인이 공덕을 짓게 하기 위함입니다.

부처님이시여!
언제나 늘 함께 기뻐하는 사람이 되게 해 주소서!
왜곡된 마음에서 벗어나
늘 같이 기뻐해 주는 사람이 되게 해주소서!

제12일 (무소유)

가지면 가질수록 더 가지려 했던
탐욕의 죄업을 참회합니다.

무소유가 모든 행복의 근본이 된다는 것을 잊고
하나라도 더 가지려 하였으니 참회합니다.

나의 물건을 하나 덜어내는 것이
결국 업장 하나를 내다 버리는 것과 같습니다.
물건이 많아질수록
마음의 감옥은 더 넓어진다는 것을
모르고 살아가는 죄를 참회합니다.

옷과 음식, 거주지, 재물 등은 남을 위해 쓰일 때
많은 이들이 행복을 느끼게 됩니다.

재물이 나를 위해 쓰이면
당장은 좋은 듯해도 결과는 지옥이요,
남을 위해 쓰이면 극락이 됩니다.

남에게 주려는 사람이 많으면 극락이요,
내 것만 챙기려 하면 지옥세계가 됩니다.

부처님이시여!
제가 진실한 무소유를 실천할 수 있게
도와주소서!
지옥세계를 무너뜨리고
극락세계를 이룰 수 있게 하소서!

제13일 (순간)

과거와 미래에 집착하여 지은 죄를 참회합니다.
과거는 지나갔고, 미래는 오지 않았으나
집착하여 늘 걱정 속에 살아감을 참회합니다.

생명은 태란습화로 태어나기도 하지만
매일 잠에서 깨어나면서 태어나기도 하고,
숨을 들이쉬고 내 쉬면서 태어나기도 합니다.
찰나찰나에 태어나며 살아가고 있습니다.
삶은 기적이며 위대한 것임에도 불구하고
과거와 미래의 걱정에 불안과 공포로
우울해하며 살아갑니다.

지금 이 순간
항상 태어나는 불성을 가진 생명이라는 것을 알면
헛된 욕심도, 성냄과 짜증도 사라지고

순간에 감사하게 됩니다.

이렇게 모든 순간에 감사하게 되면
상대가 정말 잘되길 바라면서
상대를 위해 최선을 다하게 됩니다.
매 순간에 감사하면 그것이 기적이요 희망인 것을
모르고 살아온 죄를 참회합니다.
나와 남이 다르지 않아 남이 정말 잘되길 바라며
하는 말과 행동이 자비로움이라는 것을
모르고 살아온 죄를 참회합니다.
우리는 정말 행복하고 평온하게 살 수 있음에도
탐 · 진 · 치의 지옥에 살아가고 있음을 참회합니다.

부처님!
제가 지금 여기 이 순간을 살아가도록 힘을 주소서!

제14일 (정법)

정법을 만나야겠다는 열망이 없어 지은 죄를 참회합니다.
정법을 갈구하고 희망하면서 찾아다니지 않으면
정법이라는 결실을 얻기 힘듭니다.
노력 없이 좋은 가르침이 와주기를 바라는 마음을
참회합니다.
대가 없이 좋은 가르침이 앞에 나타나길 바랐던 마음을
참회합니다.

정법은 남을 돕겠다는 열망과 실천이 있어야
앞에 나타나게 됩니다.
어쩌다 부처님의 가르침을 만났다 하여도 남을 도우려는
마음이 없다면 결국 정법이 변질되게 됩니다.
그러니 남을 생각지 않고 나만 생각하며 살아온 죄를
참회합니다.
남을 돕는 것이 바보 같은 짓이라고 말한 죄를
참회합니다.

나와 남이 다르지 않으니
남을 돕는 것은 자신을 돕는 것이 된다는 것을
무시하고 살아온 죄를 참회합니다.
남에게 좋은 가르침을 하나라도 더 전달하려 하니
정법의 가르침을 더 깊이 공부하게 됩니다.
욕심과 분노, 어리석음 때문에
재물과 명예, 음식, 이성 등을 탐하기만 하고
깨달음을 이루려고 노력하지 않은 죄를 참회합니다.

부처님!
정법에 대한 열망을 갖게 하소서!
출가하여 수행에 전념한 만큼이나
강력한 발심이 일어나게 하소서!

제15일 (내가 곧 전체)

내 몸이 중요하듯 타인의 몸과 마음도 존귀한데도
나의 것만을 위해 살아온 죄를 참회합니다.
나는 손끝만 긁혀도 너무나 아파하면서
다른 생명들의 상처에는 무심하게 살아온 죄를 참회합니다.

생명을 살리려는 사람, 도우려는 사람이 많을수록
그 사회는 행복한 사회가 되지만
타인의 생명보다 자신의 것을 귀하게 여기는 사람이 많
으면 불행한 사회가 되기 쉽습니다.

나의 생각은 혼자만의 생각이 아니라
다수에게 영향을 미치게 됩니다.
내가 이기적이면 이기적인 사람이 많아지고,
내가 이타적이면 이타적인 사람이 많아집니다.
하나는 곧 다수요, 다수는 곧 하나입니다.

나 한 사람은 곧 인류 전체가 되기도 하고
10억 명, 1억 명, 백만 명이 되기도 합니다.
나 한 사람이 생명사랑을 실천하려 노력하면
곧이어 수천만 명이 생명사랑을 실천하게 됩니다.
그런 원리를 모르고
내 욕심만을 생각하며 살아온 죄를 참회합니다.
화내고 욕하고, 갈등하고, 미워하고, 시기 질투하고,
살생해온 죄를 참회합니다.

부처님이시여!
내가 죄를 지으면 천백억 생명이 죄를 짓는 것이요,
내가 선행을 하면 천백억 생명이 선행을 하게 됨을
잊지 않겠습니다.
발보리심 하여 지혜를 위해 살아가겠습니다.

제16일 (기적)

진리의 말을 멀리하고
부정적인 말을 가까이한 죄를 참회합니다.
무한한 가능성과 희망보다는
'해봐야 별거 있나.'라는 식의 태도를 참회합니다.

내면의 세계에선 평등함에도 불구하고
외형에 얽매여 차별심을 가져
나와 남을 깎아 내린 죄를 참회합니다.

나와 가장 가까운 사람(가족)은
나를 돕는 인연임에도 불구하고,
가까운 이를 무시하고 불평하고
함부로 대한 죄를 참회합니다.

칭찬할 점은 수없이 많은데도 불구하고
단점만 보는 나쁜 습관을 참회합니다.

부처님!
이 세상은 기적과 희망, 기쁨으로 가득 차 있습니다.
탐욕과 어리석음으로 세상을 바로 보지 못하고
의기소침해하는 저희에게 큰 힘을 주소서!
큰 원력을 갖게 하여
코뿔소처럼 나아갈 수 있도록 힘을 주소서!

제17일 (기도하겠습니다)

자상하지 못해서, 배려 깊지 못해서, 도움 주지 못해서
지은 죄를 참회합니다.

제가 더 깊은 마음과 지혜가 있다면
나의 주변 모두가 건강하고 행복해하고
오래 살게 될 것이지만
이기적이고 어리석어 힘이 되지 못한 죄를
참회합니다.

도움이 되는 사람이 되려면
원력을 크게 세워 죽도록 정진해야 하거늘
발심조차 안 하고 책임과 의무감도 없이
마음만 '어떡하지'하며 우물쭈물한 죄를
참회합니다.

나와 인연이 된 생명들의 행복과 불행은
모두 나의 책임입니다.
그들이 발보리심 하여 진정한 행복을 얻게
기도하겠습니다.

돌아가시지 않고 건강하길 기도하고
돌아가셨으면 극락왕생을 위해
기도하겠습니다.

아프지 않게 기도하고,
아프면 빨리 나으라고 기도하겠습니다.

부처님!
제가 더 큰 마음으로 기도에 전념할 수 있도록 힘을 주소서!

제18일 (감사)

내 것이 가장 귀한 것임을 모르고
남의 것과 비교하며 살아온 죄를 참회합니다.

부자도 더 갖지 못해 괴로워한다는 것을 간과하고
부러워한 죄를 참회합니다.

내게 이미 갖춰진 것에 대한 감사는 뒤로 하고
못 가진 것에 대해 불평해온 죄를 참회합니다.
죽지 않고 살아 있는 것만 해도 감사할 일입니다.
보이고, 들리고, 만져지고, 움직일 수 있은 것만 해도
감사합니다.
IQ가 높든 낮든 생각할 수 있는 것만 해도 감사합니다.

집의 규모가 어떻든 누울 자리가 있다면 감사합니다.
돈의 규모가 어떻든 굶지 않고 있으니 감사합니다.

나를 낳아준 부모님께 감사합니다.

내 곁에 가족이든 친구든 이웃이든 있어 줘서 감사합니다.
나를 무시하든, 욕하든, 뒷담화를 하든 관계없이
인연이 되어 줘서 감사합니다.
어떤 인연이든 나를 길러주는 스승이니
모든 인연에 감사합니다.

부처님!
저는 이제 모든 것에 감사하며 살겠습니다.
감사함을 모르고 살아온 죄를 참회하오니
제발 순간순간에 감사함을 알아차리게 해 주소서!

제19일 (가능성)

나와 남의 무한한 가능성과 능력을
모르고 살아온 죄를 참회합니다.

나는 본래 말을 아주 잘하는 능력을 타고났지만,
상황에 끌려다녀 자신을 바로 보지 못했습니다.

나는 본래 건강하고 힘센 몸으로 태어났지만,
남 탓을 하며 몸의 능력을 잊고 살았습니다.

나는 본래 특별한 지능과 지혜를 갖고 태어났지만,
남과 비교하면서 그 능력을 발현시키지 못했습니다.

부처님!
오늘부터 나의 말솜씨를 믿고
생명을 살리는 말,

남을 행복하게 하는 말,
남의 능력을 향상시키는 말을 하려
노력하겠습니다.

나의 신체를 믿고
나와 남의 건강관리에 힘써 건강한 몸으로
타인을 위해 이 한 몸 봉사하며 살아가겠습니다.

나의 지능과 지혜를 믿고
모든 생명을 존중하고
이해하고 배려하면서
그 생명들에게 온갖 방법으로
도움이 될 생각만을 하며 살겠습니다.

제20일 (스승)

나를 이끌어줄 스승이 가까이 있음에도
모르고 살아온 죄를 참회합니다.

부처님은
모든 생명들의 참다운 스승이자 어버이입니다.
내 곁에 오신 부처님을
잘 모시지 못하고
욕락에 빠져 살아온 죄를 참회합니다.

소유하고 싶고, 인정받고 싶으며,
내 마음대로 되길 바라는 마음에
진리를 외면하니, 스승 귀한 줄 모르고 살다가
이제야 부처님을 만나
고통의 바다에서 벗어날 희망이 생겼습니다.

하지만 스승을 그리워만 했지
정작 나는 아만심 속에 갇혀 있으니
스승이 없다고 불평하며 살아왔습니다.

스승님은 바로 곁에 있었습니다.
나의 가족이 스승이었고,
이웃이 스승이었고,
하늘과 땅 삼라만상이 스승이었습니다.

부처님!
이제부터는 스승을 잘 모시며 살아가겠습니다.

제21일 (여여함)

충격적인 상황이 생겼을 때 혼비백산하여
적절한 말과 행동을 하지 못했던 자신을 참회합니다.

공포, 분노, 욕심, 시기, 질투, 모욕감, 실망감, 좌절,
배신감 등이 일어나면
어느덧 지성과 이성은 마비되어
언제 터질지 모를 폭탄이 되어버립니다.

그리하여 지은 죄가 수미산같이 높으니
오늘부터는 절대 감정에 휘둘리지 않겠습니다.

내 마음은 자기 스스로 다 통제할 수 있고
컨트롤할 수 있음을 굳게 믿겠습니다.

모든 것은 변해가는 것이고
실체가 없는 것을 확연히 믿어
존재의 본질을 꿰뚫어 보겠습니다.

재물, 인간관계, 건강 등의
모든 상황은
꿈같고, 그림자 같고 이슬과 같습니다.

부처님!
제가 언제 어디서든
평정을 잃지 않고
늘 자비와 지혜로 살아갈 수 있도록
힘을 주십시오.

제22일 (자기 사랑)

친구를 소중히 여기면
그 친구도 나를 소중히 여기기 마련입니다.
내 몸과 마음을 소중히 여기면
내 몸과 마음도 나를 소중하게 여기게 됩니다.

누군가를 소중히 여기는 것은 사랑입니다.
사랑은 자기 방식의 사랑보다
상대를 위한 사랑이 서로를 행복하게 합니다.

상대를 위한 사랑을 한다는 것은
상대가 현재와 미래에 늘 행복하게 된다는 의미입니다.

나에 대한 사랑도 마찬가지입니다.
항상 내 방식만 고집하고
내 기분과 감정만 중하게 여겨

나와 남을 모두
고통에 빠지게 한 죄를 참회합니다.

부처님!
내가 틀리고 상대가 옳을 때도 많다는 것을
인정하겠습니다.

모든 순간에서
나와 남이 모두 행복해지는 방법을 찾도록
노력하겠습니다.

내 자존심은 내려놓고
상대를 더 잘되게 해주려
노력하겠습니다.

제23일 (악구)

악구중죄 금일 참회.
생명을 해치는 말을 한 죄를 참회합니다.
남이 시켜서 하거나, 남에게 영향을 받아 하거나,
남을 시켜 하게 된
욕설과 비난을 참회합니다.

욕설에는
분노와 미움, 원한, 좌절, 오만함 등이 묻어져 있어
욕설을 하는 이도, 듣는 이도
모두 나락으로 떨어지게 됩니다.

마치 입에서 품어 나오는 총알과 같아서
많은 생명을 죽게 만드는 것이 악구(욕설)입니다.
전생으로부터 지금까지 지은 모든 악구중죄를 참회합니다.
더불어 다른 사람이 내게 욕설과 비난을 하였다고

미워하거나 분노한 죄를 참회합니다.

욕설을 퍼붓는 자는 업장이 두터운 중생으로
가엾고 불쌍한 자입니다.
번뇌에 찌든 중생이기에
욕설과 비난을 일삼는 것이니
그들을 용서하고 이해하여야 합니다.

욕설을 하는 이를 그치게 하여
결국 선한 행동을 하는 이로 인도하여야 합니다.

부처님!
제가 욕설을 그치게 하고 선행을 하도록
앞장서서 노력하겠습니다.
힘을 주소서!

제24일 (정의)

진실과 정의를 외면한 죄를 참회합니다.

나와 남이
거짓말, 살생, 폭행, 음행, 악담,
훔침 등의 행동을 하는데도
외면한 죄를 참회합니다.

선행을 하면 칭찬하고 존경해 주어야 하며,
악행을 하면 지적하고 그 연유를 따져
악을 그치게 하여야 하는데도 불구하고
지켜보기만 해온 죄를 참회합니다.

우리가 악을 용인할 때
세상은 점점 지옥처럼 혼란스러워지게 됩니다.

모두가 행복해지려면
진실과 정의를 실천하는 시민들이 많아져야 합니다.

이기적이고 욕심이 가득차거나 어리석으면
악을 용인하고 악에 편승해 살아가
결국 모두가 불행해집니다.

부처님!
큰마음을 내어 늘 깨어 있는 시민이 되겠습니다.
진실과 정의를 볼 줄 아는 지혜를 갖게 하소서!
그리고 그것을 실천하는 불제자가 되게 하소서!

제25일 (좋은 사람)

상대가 원하는 사람이 되려고 노력하기보다
상대가 내 마음에 맞으면 좋아하고
안 맞으면 거리를 둬서 생긴 모든 죄를
참회합니다.

내 생각만 하니
가족 간의 갈등, 친구, 이웃, 직장에서의 갈등이
끝이 없습니다.
힘든 세상에 위로가 되어줄 이가 옆에 있길 바라지만,
사실은 내가 옆 사람에게 위로가 되어주는 사람이
되어야 합니다.

남 도와주기만 하니
결국 나만 손해를 본다고 생각하는 것은
착각입니다.

세상 모든 사람들은 손해 보며,
가슴 아파하며,
힘들게 살아갑니다.

남 도와주다가 오히려 피해 입어서
손해 보는 것이 아닙니다.
오히려 남을 도와주니 손해를 덜 보는 것이란
이치를 알아야 합니다.

부처님!
오늘도 열심히 정진하여
많은 이들에게 꼭 필요한 사람이 되겠습니다.
행복과 기쁨, 평온을 전하는 사람이 되어
모두에게 좋은 사람이 되겠습니다.

제26일 (생각이 다름)

정치적, 사회적, 도덕적, 역사적, 종교적 관점이 다르다고
비방한 죄를 참회합니다.
세상 만물의 숫자가 한량없듯
생각하는 가짓수도 한량없습니다.

세상 만물 중 무엇이 옳은지 그른지 단정할 수 없듯
생각하는 방향들도 옳은지 그른지 단정할 수 없습니다.

그러나 우리들은 업장이 두터워
나의 생각에 원칙을 정해 놓고
맞지 않는 경우
심하게는 분노해가며 비난했고
조롱하거나 무시하거나, 핀잔주며 살아왔습니다.

사람은 한마디 말에
죽고 사는 존재입니다.

나의 분노, 무시, 조롱, 비난, 짜증으로
성장하신 분도 계시겠지만
혹시라도 상처받아 아파했다면
오늘은 그들을 위해 기도드립니다.

부처님!
저와 생각이 다른 분들과 화합하게 해 주소서.
나와 남을 인정하여
더 넓고 큰 지혜와 자비로
나아가도록 힘을 주소서!

제27일 (생명)

모든 생명은 존귀합니다.
그러나 내 생명만 귀하게 여기고
다른 생명은 생각지 않아 지은 죄가
수미산보다 큽니다.

남녀노소, 빈부귀천과 관계없이
평등하게 존귀한 것처럼
사람의 생명과 동물의 생명의 무게는 같습니다.

평등하게 존귀한 줄 알면서도 생활할 때는
나도 모르게 차별을 하고 있음을 고백합니다.
불법을 만나기 전에는 수백겁 동안
수많은 생명들과 원결을 지으며 살아왔으니
원결의 양이 엄청난 빚으로 남아 있습니다.

저는 선행을 하려고 노력하나
제가 대단해서 베푸는 것이 아닙니다.
지은 빚을 갚는 것입니다.
수백겁 동안 갚고 또 갚아
모든 생명들을 부처님이 되도록 만들 것입니다.

한 생명이라도 고통을 받고 있다면
제가 지은 원결로 그리 된 것이니
어서 빨리 다가가 빚을 갚도록 하겠습니다.

부처님!
제가 빚을 갚을 수 있도록 힘을 주소서!
무명에서 벗어나도록 힘을 주소서!

제28일 (음행)

성적 욕구에 의해 지은 죄를 참회합니다.
성적 욕구는 우리의 근본 5대 욕구 중에 하나로서
사람의 의식에 큰 영향을 미칩니다.

성적 욕구가 일상의 삶에 어떤 식으로 영향을 주고 있는지
성찰하지 않아 지은 죄가 수미산보다 크니
그 모든 죄를 참회합니다.

이것은 나의 본성인 불성을 틀어막는
가장 근본적인 번뇌 중의 하나로서
눈과 귀, 코, 피부 등에서 느껴지는 것을
왜곡되게 만들었습니다.
보이는 것과 들리는 것, 느껴지는 모든 것에서
성적 욕구를 발견할 수 있게 하소서!

순간순간 알아차려 지켜봄으로 인해
참된 자비와 지혜로 승화시키도록 하겠습니다.
부처가 되지 못하고
지옥, 아귀, 축생으로 계속 윤회하게 된
첫 번째 이유는 바로 성적 욕구입니다.
이성을 마비시키고 왜곡시켜
폭력과 착취, 차별, 변태 등의 번뇌로
변질되었습니다.

부처님!
나와 남 모두가 성적 욕구로 파생된 모든 번뇌들을
당장 끊겠다는 원력을 세우게 해 주소서!
그 원력을 매순간에 실천하게 해 주소서!
진정한 자비와 지혜를 이뤄
모두가 평온하고 행복하도록 노력하겠습니다.

제29일 (약속)

약속을 지키지 못해서 지은 죄를 참회합니다.
의도적으로 약속을 깨기도 하고, 어쩌다 보니 깨기도 하고, 오해를 받기도 하여 상대에게 상처를 주거나, 해로움을 끼치기를 수없이 하였으니
오늘 간절한 마음으로 부처님 전에 참회 드립니다.

약속에는 의무적 약속과 자의적 약속 등이 있습니다.
의무적 약속이라면 대한민국 국민으로
헌법을 비롯한 각종 법률을 지켜야 하는 것과
부모, 자식, 배우자, 직장, 사회 등의 관계에서
지켜야 할 약속을 말합니다.

이것은 내 의지랑 관계없이 이미 결정된 약속인데
그것을 충분히 배우고 익히지 않아 지은 죄가 많습니다.

효도를 다하지 못해 죄송하며,
나라를 지키고 성장시키는 것에
도움이 되지 못해 죄송합니다.
공공장소나 물건들을 귀하게 다루지 않고,
교통 법규를 준수하지 않은 모든 것들을 참회합니다.
우정과 사랑을 지키고 발전시키지 못해서 죄송하고,
남의 비밀이나 약점을 덮어주지 않아서 죄송합니다.

부처님!
나 자신과의 약속은 철저하게 지키려 노력하고
남이 약속을 먼저 깨는 것에는
용서하는 마음을 갖게 해 주소서!
이미 깬 약속이 상처가 되는 것이 아니라 약이 되어
약속을 더 잘 지키는 사람이 되게 해 주소서!

제30일 (식욕)

먹는 것에 대한 욕구를 조절하지 못해 지은 죄를 참회합
니다.
무엇을 어떻게 먹느냐에 따라
더 폭력적이 되기도 하고,
더 성욕에 불타오르기도 하며,
더 욕심을 내기도 하며,
더 분노하기도 하고,
더 어리석어지기도 합니다.

먹거리를 잘 조절하면
건강하고, 지혜로워지며, 평온해지고, 행복해질 수도 있
는 것입니다.
음식을 유희의 도구가 아닌
지혜를 이루는 약으로 알겠습니다.

굶주림으로 죽어가는 생명이
헤아릴 수 없이 많다는 것을
잊지 않겠습니다.

음식물을 독점하거나 잘 나누지 못하여
서로 갈등하게 되는 일이 없어야 합니다.

부처님!
음식을 나눠 먹거나 제공해주는데
최선을 다하겠습니다.
음식은 오로지 생명을 살리는 도구이니
음식으로 인해 갈등이 생기지 않도록
우리에게 지혜를 주소서!

제31일 (육신)

몸에 대한 애착으로 지은 죄를 참회합니다.
7육신은 인연 따라 왔다가
인연이 다하면 흩어지게 됩니다.

자연에서 잠시 빌려온 것이지
본래부터 나의 것이 아님을 모르고
내 것인 양 착각하여
내 몸 귀한 줄만 알고 애착하였고
타인의 몸은 무시하며 살아왔습니다.

육신은 늙고 병들게 되며
나중엔 죽게 되어 자연계로 흩어지게 됩니다.
이성의 육신에 집착하여
밤낮없이 그리워하고
시기 질투하고, 어리석고, 성내고, 욕심내어

생명을 돕는 일을 하지 않았으니
그 죄가 한량없습니다.

부처님!
저는 이제부터 육신의 인연을 관찰하여
애욕과 성냄, 어리석음에서 벗어나겠습니다.
한 생명이라도 손상되지 않고
건강하게 살아가도록 잘 보살피겠습니다.
어떤 생명이라도 차별치 아니하고
부처님처럼 받들겠습니다.

제32일 (외모)

외모에 집착해서 지은 죄를 참회합니다.
몸은
태어나서 성장하고 병들고 죽어 없어지는 것으로
이렇다 할 실체가 따로 있는 것이 아니고
내 것이라 할 것도 아닌
그저 잠깐 빌려 쓰는 물건에 지나지 않습니다.

생김새가
남자건, 여자건, 키가 크든 작든,
잘 생기든 아니든, 건강하든 병약하든 관계없이
자연계에서 받은 소중한 몸입니다.

소중히 잘 간직하고 잘 가꾸어서
자연계에 되돌려줘야 할 물건입니다만
이것에 집착하여

열등감이나 스트레스 우울감 등을 갖게 되어
나와 남에게 끊임없이 죄를 짓고 살아갑니다.

집착은 좋고 나쁨에 대한 차별과 분별을 낳아
생명을 경시하거나, 남의 것을 취하거나,
거짓말, 욕설, 살생, 투도, 사음(邪淫), 성냄 등의
악행을 해왔습니다.

부처님!
저는 오늘부터
어떤 모습이라도 소중히 여기는
불자가 되겠습니다.
외모를 치장하기보다
마음을 아름답게 가꾸기 위해 노력하겠습니다.

제33일 (거주처)

거주하는 집에 애착하여 지은 죄를 참회합니다.
몸은 휴식과 안락, 수면을 탐합니다.
그리하여 안정되고 고급스런 집에 집착하게 되었습니다.

그러나 안락한 휴식을 취하면 취할수록
이기적이고, 어리석어지며, 욕심은 많아지고
감정적이 됩니다.
그래서 부처님은
걸식과 공동생활, 만행을 중시하셨습니다.

옷은 추위와 바람을 피하고 남부끄럽지 않을 정도만 입
어도 되고
거주하는 집도 피곤한 몸을 휴식하는 정도의 공간과 시
설이면 족합니다.

허영심과 소유욕, 자존심 등의 번뇌에 속아서
더 크고 고급스런 집을 탐해왔습니다.
남보다 더 좋은 집을 탐하여
모든 생명들을 위험에 빠뜨렸습니다.

내 집만 소중한 줄 알아
다른 생명들이 죽어가는 줄 모르고
확장하고 착취하고 빼앗고 오염시키고 파괴하였습니다.

부처님!
나 혼자만의 안락에 만족해 온 어리석음을 참회합니다.
모든 생명이
적절한 안락처에서 행복을 누리도록 노력하겠습니다.

제34일 (지못미)

지켜주지 못해 미안합니다.
나를 존재하게 해준 인연이 참으로 많습니다.
그들에게 은혜를 갚으며 살아야 하는데
내 몸만 생각해서 죄송합니다.

부모와 조상은 나를 태어나게 하고
자라서 지금에 이르게 하셨습니다.
형제와 친척, 이웃, 친구, 스승, 도반들 역시
나를 나답게 만들어 주셨습니다.

독립운동가, 민주화운동가, 의사, 열사 등의
정의를 수호하고 악을 벌하는 이들로 인해
안전한 대한민국에서 살고 있으니
그 모든 선행을 하신 분들에게
큰 은혜를 입었습니다.

지금도 알게 모르게 정의와 평화를 발전시키기 위해
노력하시는 분들이 너무도 많습니다.
때론 그들이 피해를 입거나 죽거나 하는데
지켜주지 못해 죄송합니다.
악을 행하는 자도 다 사정이 있어서 나쁜 행을 할 것입니다.
그들도 제게 큰 은혜를 주신 분입니다.
악행을 그치고 선하게 살아가도록 최선을 다해야 하는데
그렇지 않아 죄송합니다.

부처님!
제가 진리를 보는 눈을 갖게 하소서!
선악을 구분할 줄 아는, 진실로 도움을 줄 수 있는
안목을 갖게 하소서!
착각과 오류에 빠져 악을 돕고 선을 방해하는 행위를
하지 않도록 이끌어주소서!

제35일 (나이)

나이에 대한 집착으로 지은 죄를 참회합니다.
나이는 계급이 아님에도 불구하고
나이로 사람을 판단하려는 나쁜 습관이 있습니다.

나이가 많다고
더 많이 알거나 지혜가 높거나 유능한 것이 아님에도
그저 나이 많다는 이유를 들어 어른 노릇을 합니다.

끝없이 윤회하는 중생에게
나이를 따지는 것은 의미 없습니다.
나이와 관계없이 누구나 존중하고, 배려하고, 양보하고,
사랑하고, 용서하고, 믿어야 합니다.

나이에 눌리는 것, 나이에 우월감을 갖는 것
모두 죄의 근원이 됩니다.

세대 간 차이도 나이에 대한 집착으로 생긴 현상입니다.
나이라는 틀에 갇혀 있으니
젊은이는 노·장년들과 어울리지 못하고,
노·장년들은 어린이, 청년들과 화합하지 못합니다.

어린이나 노인들은
스스로 나이에 위축당해 의기소침하는데,
역시 대단히 착각하고 있는 것입니다.
소년은 소년으로서, 청년은 청년으로서, 노인은 노인으로서
삶의 가치가 있는 것입니다.

부처님!
나이의 고정관념에서 벗어나
모든 세대들이 서로 존중해주며
소통하는 날이 오게 하소서!

제36일 (승부욕)

승부욕으로 인해 지은 죄를 참회합니다.
남에게 지지 않으려는 욕망은
잘 쓰면 굉장한 발전을 하게 되지만,
잘못 쓰면 나와 남을 망치게 합니다.

모든 것은 변해가는 것이라서
어제의 일등이 오늘의 꼴찌가 되고
꼴찌가 다시 내일 일등이 되기도 합니다.
일등 했다고 우쭐할 필요도
꼴찌 했다고 비관할 필요도 없습니다.

맛있는 것을 먹으면 기분이 좋듯
승리하면 기분이 좋은 것은 당연합니다.
맛있는 음식만 탐하는 것이 아니고
건강에 좋은 음식 또는 대접받을 때의 음식 등은

맛있게 먹으려고 노력하여야 하듯
승리하는 것도 좋지만 중간이나 끝에 있다 하여도
의기소침하기보다는 잘 받아들여
자기 성장의 발판으로 삼아야 합니다.

상대가 우승했을 때 아주 기쁜 마음으로 축하해주고,
중간이나 꼴찌 했을 때도 축하 또는 격려, 후원 등을
적극적으로 해주어야 합니다.

부처님!
제가 승부에 연연하기 보다는
경쟁을 통해 자기완성과 번영을 이뤄
세상에 큰 도움이 되도록 가호가피를 주소서!
지거나 떨어지거나 밀려난 자의 마음을 헤아려
그들을 도와 성장이 되게 해주는 사람이 되게 하소서!

제37일 (진실)

신뢰는 진실에서 나오고 불신은 거짓에서 확산됩니다.
욕심이나 시기 질투, 승부욕, 분노, 어리석음 등으로 인해
진실을 말하지 않고 거짓이나 허영, 왜곡된 말,
확인되지 않은 말 등을 함으로 지은 죄를 참회합니다.

제가 진실을 말할 때
세상의 많은 이들이 진실을 말하게 되고,
제가 거짓을 말할 때
세상의 많은 이들이 거짓을 말하게 됩니다.
세상의 모든 거짓은 저의 잘못으로 생겨난 것이니
부처님 전에 그 중죄를 참회합니다.

상대를 위한답시고
혹은 위기를 모면하려고
습관적으로 거짓을 말해왔습니다.

진실은 신뢰를 낳고
신뢰는 공덕과 자비를 낳습니다.

진실의 힘은
우리가 생각하는 것보다 훨씬 강하며
행복의 근본이 됩니다.
진실의 힘을 믿지 않고
욕심에 휘둘려 살아왔습니다.

부처님!
오로지 진실만을 말하는 불자가 되게 해 주소서.
욕심, 시기 질투, 허영 등에서 벗어나
자비와 용서, 지혜가 가득한 진실의 말만을 하겠습니다.
누구도 차별하지 않고 어떤 상대이든
기쁨과 행복을 주는 말을 하겠습니다.

제38일 (변명)

변명하기에 급급해서 핑계 대기에 바빴던
자신을 참회합니다.

세상일 모두 연기적으로 생겨났다 멸하기를 반복하니
인과응보입니다.

생명을 존중하지 못하고(불살생)
베풀지 아니하고(불투도)
진실한 사랑을 실천하지 않고(불사음)
진실한 말을 하지 않고(불망어)
깨어있는 정신을 유지하지 않았으니(불음주)
그로 인해 생긴 업을 수없이 받아왔는데
그때마다 변명하기에, 핑계 대기에 바빴습니다.

잘못된 결과는 누구나 바라지 않고

그 의도는 나름 순수했을지도 모르나
결과적으로 악하게 되었다면
깨끗이 인정하고 죄송하다고 참회하여야 합니다.

나와 남에게 둘러대는 말은
또 다른 재앙을 불러오기 쉽습니다.
과보 받기 힘들고, 오해받고 싶지 않다고
몇 마디 둘러댄다면 억울함만 키우고
불평불만에 불안함과 갈등만 키우기 쉽습니다.

부처님!
제가 지은 죄를
발로참회(드러내어 참회) 할 수 있는 용기를 주소서!
그리하여 다시는 악업을 짓지 않고
보살행만을 할 수 있도록 이끌어 주소서!

제39일 (참됨)

참된 가르침을 중시하지 않은 죄 참회합니다.
참된 가르침 중에 으뜸은
부처님과 가르침과 승가에 귀의하는 것입니다.

부처님이라면 참됨을 이룬 분이고,
법이라면 참된 말씀을 말하고
승가란 참됨을 행하는 모임을 말합니다.
그러니 생명을 다해
부처님과 가르침, 승가에 귀의하여야
참됨을 이루게 됩니다.
그러나 이러한 이치를 알지 못하고,
재물을 탐하여 돈에 눈이 멀거나,
더 좋은 집, 승용차, 옷, 장신구, 전자기기,
물건들에 눈이 멀어 그것들의 노예가 되어
웃고 울고 하였습니다.

참된 것이 뭔지 모르고 자기감정에만 치우쳐서
자존심을 중히 여기고, 성질부리거나,
시기 질투, 들뜸, 불평불만, 불안, 좌절, 우울 등에
빠져 살아왔습니다.
그리하여 나와 남의 불성을 방해하여
진정한 행복에서 멀어지게 되었습니다.

부처님!
이제부턴 진실로 부처님과 가르침, 승가에
귀의하겠습니다.
제가 목숨보다 삼보를 중히 여기는
불자가 되도록 힘을 주소서!
모든 생명들이 발보리심 할 수 있도록 노력하겠으니
제게 지혜를 주소서!

제40일 (어린이)

나이에는 육체의 나이와 영혼의 나이가 있습니다.
육체의 나이가 어려도 영혼의 나이는 높은 이가 많고
반대인 경우도 많습니다.

우리는 끝없이 윤회하고 있습니다.
그러기에 육체의 나이는
그다지 중요하지 않은데도 불구하고
나이에 집착하여 차별하기를 반복합니다.
아이가 차별 없는 사랑을 받을 때
조건 없이 사랑을 행하는 존재가 됩니다.
세상에는 여전히 아동학대가 존재하고,
나이에 따라 차별하고 있으며
우리는 그것을 방관하고 있으니
그것이 악행을 일삼는 사람이 되는 원인입니다.
아이는 고귀합니다.

모든 선을 이루는, 보살도를 이루는,
극락세계를 이루는 근본은
어린이들에게 있습니다.

부처님!
저는 아이들이 얼마나 고귀한지 깨닫고
나이에 차별 없이 존중하겠습니다.
과잉보호 또한 아동학대임을 깨닫고
아이를 성인과 같게 대하겠습니다.
아이 때부터 경제적, 도덕적, 정치적, 종교적, 철학적 관념을
완성해 가도록 최선을 다하겠습니다.
이들의 능력이 무한함과 성장성의 무한함을 믿고
맡기기를 반복하겠습니다.
계속 실망시켜도 용서하기를 반복하며
아이들의 진정한 후견인이 되겠습니다.

제41일 (몸)

몸의 건강 정도에 따라 마음이 영향을 받습니다.
마음은 부처요 몸은 부처님을 모신 법당입니다.
몸은 부모님이 씨를 주셨고
대자연의 도움으로 자라게 되었습니다.

몸은 내 것인 것 같지만
실상은 이 생을 살기 위해 잠시 빌려온 존재입니다.
죽으면 다시 자연으로 되돌려줄 몸입니다.

깨끗한 몸을 받았으니
돌려줄 때도 깨끗하게 돌려주어야 합니다.
그래서 불살생, 불투도, 불사음, 불망어, 불음주를 하여
청정함을 유지하여야 합니다.

나와 남을 깨달음에 이르게 하려는 자는

몸에서 일어나는
식욕과 성욕, 명예욕과 수면욕, 재물욕의 본질을 알아
그 감정들을 잘 조절하면서 수행하여야 합니다.

부처님!
제 몸을 깨달음을 이루는데 쓰도록 노력하겠습니다.
남을 돕는데 몸을 아끼지 않고,
지혜를 이루는데 몸을 아끼지 않겠습니다.
이 몸이 일백 천 번을 죽더라도
부처님을 향한 마음 잃지 않고
몸이 약해지거나 노쇠해지거나 병이 든다 하여도
남을 위한 삶은 늦춰지지 않게 하소서!
시기 질투와 배신, 오해, 우울, 슬픔, 좌절 등에
지배당하지 않고
불자의 길로 꿋꿋이 나아갈 수 있게 하소서!

제42일 (비밀)

타인의 비밀을 덮어주지 못하고 뒷담화한 죄를
참회합니다.

사람에겐 누구나 불성이 있어서
옳고 그름을 판단할 줄 알며,
당장은 그릇된 사고 관념을 가졌다 하여도
언젠가 불성이 드러나게 됩니다.

내 의식이 청정하면 상대를 부처님으로만 볼 텐데
식욕, 성욕, 재물욕, 명예욕, 수면욕 등에 빠져 있다 보니
상대를 의심하게 되고, 추측하여 말하기도 합니다.

나의 그런 욕락이 강하면 강할수록
상대의 말과 행동에서
성적인 문제, 인격적 문제, 말과 행동이 다른 문제,

가정문제, 윤리문제, 재정문제, 외모 등에 대해
너무나 관심을 많이 갖게 되어
제 3자에게 말하거나 듣는 것을 즐겨하게 됩니다.

뒷담화는 나의 추한 모습을 드러내는 것이니
나와 남을 망치는 일입니다.

부처님!
저는 누구든 간에 의심보다는 믿음을 갖고
그들을 지켜주겠습니다.
혹시라도 그만의 비밀이나 약점을 알게 되더라도
지켜주는 것이 더 현명할 경우에는
반드시 지켜주겠습니다.
모든 이들의 사생활에 대해서는
보지 않고, 듣지 않고, 말하지 않으며 살아가겠습니다.

제43일 (어버이 은혜)

나를 낳아주신 어버이 은혜를 생각하며
부처님 전에 공양 올립니다.
어버이는 부모와 부모님을 낳아주신 조부모님,
증조부모님, 고조부모님 등 모든 조상님들임을
잊고 살아왔습니다.

더 나아가 대지와 물, 불, 바람 등의
우주의 삼라만상도 나의 어버이입니다.

살아계신 부모님과 돌아가신 부모님께
은혜 갚기를 잊고 살아온 죄를 참회합니다.

부모님 은혜 갚는 가장 좋은 방법은 무엇일까요?

어버이와 나는 연기적 깊은 관계로 둘이 아닙니다.

그러므로 나의 정신적 성장은 어버이의 성장입니다.

마음이 자비롭고 지혜로우면
나의 행복은 끝이 없고,
살아계신 부모님은 평온을 얻게 되고
돌아가신 어버이는 악도에서 벗어나
극락세계로 왕생하시게 됩니다.

부처님!
자비와 지혜의 성장을 위해 보현보살의 십대 원을 세우고
끝없는 보살행을 닦겠습니다.
어떤 존재나 상황에 마주하더라도
어버이로 대하는 지혜를 주소서!

제44일 (문명)

사람은 태생적으로 걱정과 불안을 안고 살아갑니다.
고대로부터 자기 목숨을 지키고 살아남으려면
의심, 걱정, 예민함 등이 있어야 했습니다.

그러나 지금은 비교적 안전한 시대에 살고 있습니다.
걱정, 불안, 성냄, 욕심, 불평, 의심, 놀람, 부러움,
시기 질투 등의 감정은 아직도 고대와 다르지 않은데
사회는 많이 변화 발전하여 괴리율이 높습니다.

인류의 문명은 극락세계로 나아가는데
인류의 감정 상황은 여전히 저급합니다.
외형의 발전에만 치중하여 마음을 닦지 않았습니다.

부처님!
부처님께서 설하여 주신 법문은

우리 인류에게 가장 필요합니다.

자비와 지혜, 이타행, 보시, 지계, 인욕, 정진, 선정,

함께 기뻐함, 평등, 불성, 제행무상, 무아, 열반 등의

가르침이

나와 가족, 이웃, 인류의 가슴속에

스며들도록 노력하겠습니다.

환경오염과 인공지능, 핵무기 등의 발전은

성난 아이에게 총을 쥐어주는 것과 다르지 않습니다.

그러니 하루빨리 우리 모두의 마음을

부처님의 가르침대로 성숙시켜야만 합니다.

세상 사람은 욕락에 치우쳐 살더라도

나 혼자라도 불법의 청정함을 지키며 펼쳐야 합니다.

지옥 불이 강하면 강할수록

지옥의 중생을 하나라도 더 구해줘야 하듯이…

제45일 (원력)

꿈을 갖지 않아 지은 죄를 참회합니다.
꿈이란 불교에서는 원력이라는 말로 대신합니다.
원력이 없으면 이기적이고, 욕심과 어리석음, 성냄, 의심
으로 가득 차기 쉽습니다.
원력은 남에게 피해주는 것과 육도 윤회를 멈추게 하는
근본 동력입니다.

우리가 가져야 할 원력은
부처님인 모든 생명들에게 늘 예배 공경하고
음식과 입을 것, 머물 장소 등
수행하기 필요한 물품들을 공양 올리는 것이며
지적이나 지시, 불평으로 기를 죽이기보다
장점을 찾아 칭찬하여 불성을 깨우는 것이며
전생으로부터 지은 살생, 투도, 사음, 악구, 성냄
어리석음을 인정하고

다시는 짓지 않겠다는 서원을 매일 굳게 세우며
남이 잘되는 것을 기뻐하고 잘하는 것을 알리고 권하며
부처님의 모든 법문을 다 외우고 익혀 올바른 견해를 세워
보시, 지계, 인욕, 정진, 선정, 지혜를 실천하는 것입니다.

부처님!
제가 원력을 세우는 사람이 되게 하소서!
나이나 성별, 지위에 흔들리지 않고
지장보살과 같은 큰 원력을 세우게 하소서!
나와 남, 모든 생명이 모두 함께 악도에서 벗어나
진리의 세계, 행복의 세계로 나아가도록 노력하겠습니다.
남을 돕기 위해서라면 지옥에까지라도 들어가겠나이다.
고통받는 중생이 하나라도 남아 있다면
결코 그만두지 않겠나이다.

제46일 (비난)

이기적이고 철없는 행동을 하는 사람을 보고
분노하고, 욕하고 손가락질하고, 저주한 죄를 참회합니다.

모든 생명은 존귀합니다.
다만 중생들은 무명에 휩싸여 악행을 하거나
비상식적인 말과 행동을 하는 것입니다.

겉모습은 부유해 보이거나 귀해 보여도
실상은 지옥, 아귀 속에 사는 것과 다르지 않습니다.

괴로움에 빠진 중생을 구제하는
가장 훌륭하고 빠른 방법은
자비로움과 용서, 신뢰입니다.
악행을 저지른 사람에게 비판과 손가락질보단
지속적인 용서와 포용, 믿음이

오히려 악행을 그치게 하는 지름길입니다.

저주를 퍼붓고 화를 내고 벌을 내리게 되면
고쳐지기보다 그 상처들이 쌓이고 쌓여
악행을 일삼는 사람이 되어버립니다.
세상 모든 사람이 미워하고 손가락질한다 하여도
불자는 용서와 자비, 신뢰를 잃지 말아야 합니다.

부처님!
제가 용서하지 못할 이가 없게 하소서!
믿지 못할 이가 없게 하소서!
사랑하지 못할 이가 없게 하소서!
그리하여 나와 남이 다함께 깨달음에 들게 하소서!

제47일 (착각)

착각하며 살아온 죄를 참회합니다.
세상에서 가장 큰 착각은
'나는 착각하지 않는다.'고 생각하는 것입니다.
우리가 보고 듣고 생각하는 것의 대부분은 사실이 아니고
뇌피셜이나 추측, 오류, 가정, 가설이 많습니다.

진실을 외면하고 식욕, 성욕, 재물욕,
명예욕, 수면욕이라는 색안경을 끼고
세상을 바라보고 있음을 뼈저리게 느껴야 합니다.

색안경은 우리에게 차별심을 갖게 하여
승부욕과 허영심, 시기 질투, 좌절, 우울 등의
108번뇌를 유발합니다.
그리하여 나와 남을 고통에 빠지게 합니다.

부처님!
제가 불법을 배워 올바른 견해를 통해
착각에서 벗어나게 하소서!
나와 남이 모두 팔만대장경 속에 담겨진
진리를 체득하게 하소서!
나를 배신하거나 무시하거나 이용하거나,
나에게 피해 주는 존재는 없습니다.
모든 존재는 다 나를 돕기 위해 와준 인연들입니다.
착각에 빠져 원망하고 불평불만하고 시기 질투하고 괴로
워했으니 참회합니다.
너무 오래도록 착각하여 살아왔으니
생활 속의 거의 모든 것이 착각임을 자각하여야 합니다.
착각에서 벗어나는 길은 멀고도 험합니다.
아무리 멀고 험한 길이라도 착각에서 벗어나는 길이라면
끝까지 갈 것을 서원합니다.

제48일 (관심)

관심받고자 하는 번뇌로 지은 죄를 참회합니다.
칭찬받길 바라고, 인기 많길 바라고,
소외당하고 싶어 하지 않다 보니
생기는 갈등이 많습니다.

모든 생명은 존귀하지만
업장이 두터운 자들은 그 생명들 사이에서
좋고 나쁨을 나누며 차별하게 되어 갈등을 유발합니다.

연기적 인연법으로 보면
때론 어떤 존재가 주목받고 인기가 많을 수도 있고,
또 시간이 지나면 다른 존재가 인기가 많아지게 됩니다.

이번 생은 지능이 높을 수도 낮을 수도,
외모가 장애가 있을 수도 멋질 수도,

재물복이 많을 수도 비천할 수도,
재능이 많을 수도 없을 수도 있습니다.

우리는 전생부터 남을 행복하게 하고,
깨달음의 길로 인도하리라는 원력을 세웠습니다.
그러니 어떤 모습이 되어도 받아들이고
필연으로 알고 원력을 실천하여야만 합니다.

부처님!
남이 더 칭찬받고, 남이 더 잘 풀리고,
남이 더 부자 되고, 남이 더 빨리 승진하고,
남이 더 행복하게 되기만을 바라는 불자가 되고 싶습니다.
남 잘되게 해주고 욕먹거나 배신당하여도
결코 흔들리지 않고
계속 남을 돕는 사람이 되게 해 주소서!

제49일 (우물쭈물)

우물쭈물하게 행동해서
어정쩡하게 행동해서
지은 죄를 참회합니다.

나는 행복을 주는 사람이 될 수도 있고
불행을 주는 사람이 될 수도 있습니다.

좋은 감정으로 나와 남에게
이로운 말과 행동을 한다면
모두가 기뻐합니다.

그러나 나 스스로
복잡한 감정을 가지고 있으면
어둠의 기운이 곳곳에 퍼지게 되고

복잡한 감정은
분노와 짜증을 유발하기도 하며
우물쭈물 어정쩡하게 행동하게도 합니다.

우물쭈물 어정쩡한 행동은
공덕을 무너뜨리고 피해를 줍니다.

부처님!
제가 팔정도와 육바라밀의 원리를 깨우쳐
자비심과 희사심이 가득한 불제자가 되게 해주소서!
어떤 상황에서도
적절한 말과 행동을 할 수 있도록 기도하겠습니다.

제50일 (밀어붙임)

중도에 포기하거나 아예 시작도 안 해서
지은 죄를 참회합니다.
모든 일은 신중하게 결정하여야 하나
너무 신중하다 보면 결정이 내려지지 않습니다.

남을 돕는 것, 봉사, 기도, 공부, 방생, 순례, 기부 등은
신중할 필요 없이, 듣는 즉시 하는 것이 좋습니다.
내 귀에 선행을 하는 것이 들리면 인연이 된 것이니
고민 말고 즉시 실천하여야 합니다.
선한 것이 인연 된다는 것은
원결을 풀고 나쁜 액을 막으라는 뜻이기 때문입니다.
선한 인연이 왔는데도 우물쭈물해서
원결을 풀지 못하고 재앙을 막지 못하여
결국 나쁜 것이 더 커지게 되어 지은 죄를
참회합니다.

선행을 하지 않으면
마음은 작아지고 악해져서 주변을 힘들게 합니다.

부처님!
저에게 지혜의 눈을 주시어 좋은 인연을 빨리 발견하고
즉시 실천하도록 힘을 주소서!
선한 일이 시작되면 중도에 포기하지 않고
오래도록 밀어붙이게 힘을 주소서!
선한 일을 하다가 갈등이나 다툼이 일어나도 부화뇌동하지 않고 선한 일에 집중하겠나이다.

사람들은 번뇌와 욕심, 이기심은 끝이 없다는 것을 알기에
그런 것으로 화를 내기보다는
묵묵히 전진해 가겠나이다.
세상에 쓰이는 사람이 되게 해주소서!

제51일 (공포심)

두려워하고, 무서워하고, 놀라서 지은 죄를 참회합니다.

평온한 마음은
지혜로움으로 이어져 선행을 하게 되지만
불안한 마음은
어리석음으로 이어져 욕심, 급함, 혼돈에 빠져
모두를 괴롭게 합니다.

모든 생명들은
지수화풍 사대의 결합이고
생로병사, 생주이멸의 과정을 겪습니다.
재물도 있다가 없고,
신체의 건강도 좋았다가 아파지기를 반복합니다.

사람의 마음도 선과 악을 넘나듭니다.

항상한 것은 없고 고정된 실체가 없기 때문입니다.
이러한 이치를 모르고
보여지는 것에만 집착하여 살아가니
깜깜한 어둠 속에 있는 것과 다르지 않습니다.

어둠 속에 있으니
마음은 온갖 상상력으로
두려움, 공포, 놀람 등에 빠지게 됩니다.

부처님!
저에게 실체를 있는 그대로 볼 수 있는
색즉시공, 공즉시색의 안목을 갖게 해 주소서.
그리하여 흔들리지 않고
무서움과 공포심, 놀람 등의 감정을
 잘 조절하게 해 주소서!

제52일 (의리)

의리를 지키기 못해서 지은 죄를 참회합니다.
의리란
사람이 살아가는데 있어서 마땅히 지켜야 할
바른 도리를 말합니다.

모든 생명은 서로에게 큰 도움을 주고받고 있으며
생명을 유지하게 해줍니다.
그러므로 그 어떤 존재도 존귀하지 않은 것이 없습니다.
하지만 욕심과 어리석음으로 인해
생명 간에 차별을 두게 되어 의리를 저버리게 됩니다.

가족과 이웃, 직장, 국가 등의 사람들 사이에서도
의리를 저버린 적이 많습니다.
물, 불, 바람, 땅, 하늘, 나무 등의 존재는 나를 돕고 있지만
나는 의리를 지키지 못하고 그들을 해하여 왔습니다.

은혜를 받았으면 갚아야 함이 의리입니다.

부처님!
저는 모든 존재들에게 은혜를 입었습니다.
그들이 없었으면 태어나지도 못했고
살아가지도 못했을 것입니다.
그러니 모든 존재들에게 은혜 갚는 삶을 살겠습니다.
가족들과 이웃, 직장, 사회, 국가 등의 사람들에게
욕심 차리는 것은 그만두고,
오로지 그들이 행복하게 살아가도록 노력하겠습니다.
모든 동물과 식물, 광물질 등에 입은 은혜를
갚으며 살아가겠습니다.

의리를 잘 지키는 불자가 되게 하소서!
진정한 의리란 무엇인지 깨우치는 불제자가 되게 하소서!

제53일 (게으름)

게으름으로 생긴 죄업을 참회합니다.

부지런하면
더 많은 생명들에게 도움을 줄 수 있고
게으르면
생명들에게 피해 주는 삶을 살기 쉽습니다.

우주의 원리와 자연 환경의 중요성
서로 간의 관계 등을 하나라도 더 배우고
익히고 실천하려 하면 모두가 행복해집니다.
그럼에도 배우지 않으면 이기심과 아만심에 빠져
타인에게 피해를 주면서도 모르고 살아갑니다.

게으르니 지금 해야 할 일을 미루게 됩니다.
게으르니 몸이 굼뜨고 생각과 말과 행동이 느립니다.

부처님!
저는 맑고 아름답게 살아 지구 환경을 가꾸기 위해
부지런히 노력하겠습니다.
계율을 익혀 더 나은 도덕성을 갖도록 노력하겠습니다.

팔만대장경을 모조리 다 읽고 익혀
올바른 견해를 세우기 위해 노력하겠습니다.

생명을 살리고 먹이고 입히고 행복하도록 노력하겠습니다.

수행, 명상, 기도, 선행을
정해놓은 규칙대로 늘 하게 해 주소서!
시기 질투심이나 욕심, 성냄 등으로 행하는 것은
곧바로 끊게 해 주소서!

제54일 (감성)

감성이 메말라 지은 죄를 참회합니다.
일체중생에겐 불성이 있고
그 불성이 발현되면 부처가 됩니다.
부처는 오묘하고 신비하고
무한히 가능하며 아름답습니다.

모든 중생에서 불성을 보는 것이 자비와 지혜입니다.
그러니 삼라만상과 중생을 마주하는 모든 순간에
크나큰 축복의 감동이 있게 되는 것입니다.
그러나 우리 중생들은 오욕락을 탐하고 애착하여
아상, 인상, 중생상, 수자상이 커져버렸습니다.
재물과 명예, 성적본능, 식욕 등에 눈이 어두워 집착하니
감성이 왜곡되어 병들거나 메말라졌습니다.

무한히 아름다운 감성이 시기 질투와 승부욕,

차별심 등으로 병들거나 메말라져서
화를 내거나 짜증, 우울, 분노 등을
조절 못하고 휘둘리게 되니
무수한 죄를 짓게 되었습니다.
고통받는 중생을 외면하게 되었고,
내 것만 챙기는 이기심 가득한 삶을 살아왔습니다.

부처님!!
저는 본래의 감성을 회복하는 데 최선을 다하겠습니다.
관음보살의 따뜻한 자비와
지장보살님의 커다랗고 굳건한 원력
보현보살님의 솔선수범하는 실천행
문수보살님의 지혜를 배우겠습니다.
어떤 상황에서라도 생명의 신비에 감동하는 삶이 되게
하소서!

제55일 (남 잘되면)

더 좋은 환경, 더 많은 부, 더 많은 인기를 갖고자
남의 마음을 생각하지 못하고
내 입장에서 말과 행동을 함부로 했습니다.

나와 남은 다르지 않습니다.
내가 원하는 것을 타인도 원하기 마련이니
타인을 기쁘게 하는 데 최선을 다하겠습니다.
남을 기쁘게 하는 것이 곧 나를 기쁘게 한다는
이치를 깨우치겠습니다.
타인이 더 좋은 집, 차, 재물, 외모, 인기, 건강 등을
갖게 되면 100% 기쁜 마음으로 축하해주고
칭찬해주려 노력하겠습니다.
타인의 능력이 뛰어나고, 복이 더 많고 언변술이 좋을 때
마음속에 일어나는 감정들은
두터운 업장으로 인해 생긴 번뇌이니

빨리 알아차려 즉시에 소멸시켜야 합니다.

남 잘될 때 일어나는 마음을 소멸시키는 방법은
크게 두 가지가 있습니다.
첫 번째,
인식의 전환으로 남 잘되는 것이 곧 나 잘되는 것이라는
이치를 확연히 알아 뒤틀린 생각이 일어날 때마다
착각에서 벗어나려 노력합니다.
두 번째,
염불, 주력, 수식관, 화두 등의 수행을 꾸준히 하는 것입
니다.

부처님!
남을 기쁘게 하는 것이 나의 기쁨이 되는 길을 변함없이
가도록 해 주소서!

제56일 (직업차별)

직업으로 상대를 판별하여 지은 죄를 참회합니다.

더럽고 어렵고 위험한 일은
누구라도 해야 하는 일이지만
외면당하기 쉽습니다.
사람들이 하기 싫어하는 일이지만
필수적으로 꼭 필요한 일을 하고 있다면
설사 그것으로 급여를 받는다 하여도
위대한 노동이며 가치 있는 삶입니다.

직업에는 귀천이 따로 없는 것이나
우리는 분별하여 차별심을 일으키는 업장으로
직업에 따라 사람을 대하는 모습이 달라져 왔습니다.

부모님이나 자식 또는 자신이 3D 업종의 일을 한다면
굉장히 중요한 일을 하는 것이라 생각하여
자존감을 잃지 않고 자랑스럽게 생각하는 마음을 갖도록
노력하겠습니다.

부처님!
집안에서든 직장에서든
가장 험하고, 더러운 일, 힘든 일을
제가 하도록 힘을 주소서!

타인이 그런 일을 하면
제일 귀한 사람이므로
아낌없이 칭찬하고 존중해드리겠습니다.

제57일 (들뜸)

마음이 들떠 있으면
말과 행동에 실수하기 마련입니다.
좋은 일로 들뜨든, 나쁜 일로 들뜨든
마음은 들뜨기도 쉽고 가라앉기도 쉽습니다.

들뜸과 가라앉음 사이에서 잘 단련되고 조절되어야
실수를 덜하게 됩니다.
마음은
108가지나 되는 감정과 지성이 모여 이뤄졌습니다.

108가지 마음들의 상호 작용을 이해하고 연구해서
그 성질을 알아야
들뜸과 가라앉음을 잘 조절할 수 있게 됩니다.

그 원리를 알아가려 노력하는 것을 위빠사나라고 합니다.

마음을 지속적으로 알아차리되
그 속성이 항상 하지 않고 변해가며(무상),
실체가 없고(무아), 고통 속에 살아가며
동시에 열반에 이를 수 있다는 것을
깨달아 가는 것을 위빠사나라고 합니다.

위빠사나를 더 깊이 보려면 집중수행이 필요합니다.
집중수행이란 염불, 절, 간경, 참선, 명상 등을 말합니다.
매일매일 집중수행을 통해 마음의 원리를 관찰한다면
들뜸과 우울을 잘 조절하게 됩니다.

부처님!
욕망에 매여 마음이 약해진 저희들에게 큰 힘을 주소서!
감정에 휘둘려 살아가는 저희들에게 지혜와 자비를 주소서!
그리하여 마음을 자유자재로 쓸 수 있게 하소서!

제58일 (넘겨짚음)

팩트 체크를 하지 않고 떠도는 소문이나, 의심, 지레짐작으로 생각해서 지은 죄를 참회합니다.

자비로운 사람은
약간의 허물이나 약점, 실수 등은 눈감아주고 덮어줍니다.
용서와 아량이 오히려 마음을 넉넉하게 하고
화합과 성장을 불러옵니다.

악한 것까지 눈감아주고 덮어주면 부정부패가 많아지니
그 범위는 잘 조절해야만 합니다.

실제로 저지른 허물도 용서와 이해의 방법이 훨씬 효과가 크거늘
소문이나 추측, 의심, 짐작으로 상대에 대해 이렇다 저렇다 이야기를 한다거나

여기저기 만나는 사람마다 계속 이야기하면
이야기하는 자신도 바보가 되지만
그 말에 많은 이들이 오염되고,
당사자는 누명에 억울함이 하늘을 찌르게 됩니다.

실제로 죄지은 사람에 대해서도 이러쿵저러쿵 말하면
뉘우치기는커녕 원한만 커지게 되는데
죄 없이 오해를 받는 이는 마음이 어떻겠습니까?

만약 내가 오해받고 구설과 시비가 계속된다면
나에게 생긴 일을 받아들이겠습니다.
전생부터 지은 죄가 한량없으니
이 정도로 죗값을 치른다면 가벼운 것입니다.

부처님!
남이 지은 허물은 용서와 이해를,
내가 지은 허물은 빨리 인정하고 참회를 구하겠나이다.

진실을 보는 눈을 길러서
소문이나 뉴스, 구설, 떠도는 말 등에
흔들리지 않게 하소서!
내가 오해받고 구설이나 시비를 당한다 해도
인욕의 마음으로 받아들이고
꿋꿋이 전진해 갈 수 있는 힘을 주소서!
자비와 용서, 정의, 인욕, 이해, 사랑 등의 마음으로
굳건하게 해 주소서!

제59일 (화합)

서로 도우면 이루지 못할 것이 없고,
분열하면 공든 탑도 무너지게 되는 것입니다.

꿀벌과 꽃은 곤충과 식물로서
서로 공통점을 찾아보기 어렵지만
서로의 능력이 각자 발휘되어 도움으로써
각자의 생명들에게 엄청난 번영을 불러오고,
지구는 훨씬 아름다워집니다.

사람은 만물의 영장이라지만
막상 하나의 개체로만 본다면
호랑이, 코끼리, 곰 등의 생명보다 약합니다.
사람이 그들보다 강하게 된 것은
서로의 화합이 있었기 때문입니다.

서로 화합하면 우주 최강이 되지만
분열하고 갈등하면 있던 문명마저 파괴되기 쉽습니다.
가족도 직장도, 이웃도, 사찰에서도 마찬가지입니다.

이치는 그러할진대
많은 이들이 갈등하고 의심하고 분열합니다.
남녀의 성별에 따른 차이,
세대마다 생각의 흐름 차이,
직업과 지역의 차별,
부자와 가난한 자의 분별심 등으로
편견과 욕락에 빠지면 서로 시기 질투하고 의심하고
갈등하며 싸우게 됩니다.
양보하고, 참고, 상대가 잘되길 바라서
내 이익이나 내 생각은 뒤로 미루는 연습을
꾸준히 하여야 화합이 될 수 있습니다.

부처님!

듣고 싶은 것만 듣고, 보고 싶은 것만 보아 와서
편견과 편향에 빠진 저를 참회합니다.

나 자신이 얼마나 미혹하고 무명에 싸여 있는지
알아차리게 하소서!

어떤 불편함을 감수하더라도
언제나 남의 입장에서 생각하게 하소서!

제60일 (눈치 보기)

눈치 보다가 지은 죄를 참회합니다.
욕심과 성냄, 어리석음, 아만, 의심 등이
높으면 높을수록
눈치 보는 일이 많아집니다.

눈치 보는 것에 긍정적인 측면도 있습니다.
배울 때, 분위기나 상황을 알아야 할 때,
타인과 원만한 관계를 맺어야 할 때,
남을 도울 때 등에서는 눈치가 있어야 합니다.

그러나 자신이 더 돋보이고 싶거나
더 많은 것을 가지려 하거나,
이득을 취하려 할 때 보는 눈치는
저속하고 비열하기 그지없는 행위입니다.

자기만의 이득을 취하려 할 때 보는 눈치는
자신이 모르는 경우가 많습니다.
너무 오래도록 익숙해져 있어서
눈치 보면서도 그것이 얼마나 나쁜 일인지
자각하지 못하는 것입니다.

부처님!
저는 눈치 보는 성향을 공명정대한 곳에 쓰도록
노력하겠습니다.
제가 나만의 이익이나 욕심을 채우려 눈치 본다면
그 하나하나를 모두 자각하고 알아차리도록
지혜를 주소서!
욕심 채우려 눈치 보는 일이 없게 하소서!
눈치 보는 능력은 남을 돕는 데만 쓰게 하소서!

제61일 (듣기)

나만의 생각에 파묻혀서 지은 죄를 참회합니다.
우리는 보고 싶은 것만 보고
듣고 싶은 것만 듣게 되기 쉽습니다.
그렇게 되면 편향적 사고와 말, 행동을 하기 쉽습니다.

세상에 벌어지는 현상들은 정말 다양하고
세상 생명들의 종류도 헤아릴 수 없으며
사람들의 성향도 다 다릅니다.

편향적이기 때문에 이해되지 않는 일이 많고
용서가 되지 않는 경우도 있으며
미움과 원한, 불편함, 짜증, 화냄 등의 일이
발생하게 되는 것입니다.

편향적으로 되면 죄를 짓기 쉽습니다.

무심코 한 말과 행동이 상대에게 상처가 되기도 하고
피해를 주기도 하며, 죽음에 이르게도 합니다.
그러니 다른 생명들의 마음을 이해하려 노력하고 화합하고
귀하게 여겨 존중하며 사랑하여야 합니다.
그러려면 일단 귀를 기울여야 합니다.

그들이 말하는 소리를 일부로라도 들어야 합니다.
책을 통해서든, 보이는 것을 통해서든
전혀 다른 생각들을 가슴으로 들어주고
다른 생명들의 소리에도, 철학 과학 인문학 등의 소리에도
관심을 기울여 들어야 합니다.

부처님!
제가 세상의 모든 존재들을 믿을 수 있고, 사랑할 수 있고,
용서할 수 있게 힘을 주소서!

제62일 (기다림)

기다리지 않고 급하게 말과 행동을 하여 나와 남에게 피해를 준 죄를 참회합니다.
인과응보의 속도는 아무도 예측할 수 없습니다.

오늘 보시한 공덕이 내일 결과가 생길 수도 있고
다음 생으로 넘어갈 수도 있습니다.
반대로 오늘 악행이 언제 과보가 따를지 모릅니다.
하지만 대부분의 일은 그 즉시 또는 며칠, 몇 개월 이내에
과보가 따르기 쉽습니다.

지금 상대를 칭찬하고 믿어주면
곧바로 상대가 좋아하는 경우가 많고
쌓인 게 있다면 한참을 노력하여야
상대와 관계가 좋아집니다.

나의 방법이 잘못되었거나 원한이 깊으면
몇 년을 노력해도 좋아지지 않기도 합니다.
그런 까닭에
자신이 효과적인 방식으로 말과 행동을 하는지 아닌지
마음공부가 필요합니다.

마음공부라면 도덕적인 완성(계율)을 위해 노력하면서
고요한 선정과 집중력으로 자신의 마음에 일어나는
감정과 생각들을 하나하나 다 알아차려
번뇌는 줄이고 원력은 실천하면서
키워 나가는 것을 말합니다.

눈앞의 현상에 일일이 대응하다 보면
감정적이기 쉽고 실수하기 쉽습니다.

부처님!
인연법의 이치를 알아
순간순간의 현상과 감정에 휘둘리지 않도록
힘을 주소서!
급한 생각에 화내거나 짜증을 내기 보다는
시간이 지나면 다 잘될 거라는 확신과 믿음을 통해
나와 남에게 희망과 꿈을 주는 사람이 되게 하소서!

제63일 (짜증)

짜증 내서 지은 죄를 참회합니다.

우리의 본성은 평온하고, 자비롭고, 조화로우며,
환희와 기쁨이 가득합니다.
어떤 상황에서도 두려움 없이 안온하고, 편안하여
악몽을 꾸지 않습니다.
바르고 정직하고 순종하고 온화하며 교만하지 않습니다.
슬기롭고 예의바르며 만족하고 검소하며 집착하지도 않
습니다.

본성은 그러하지만
탐욕과 오해, 의심, 아만, 어리석음으로 인해
온갖 번뇌에 휩싸이게 됩니다.
집착하고, 급한 마음에 답답해지기도 합니다.

조금만 마음에 맞지 않아도 화를 내고 짜증을 내고
조금만 칭찬이나 주목받아도 기뻐하게 됩니다.
남에게 오해받거나 비난받거나
혹은 남 입에 오르내리거나 하면
견디지 못하고 괴로워합니다.

부처님!
제가 본성을 찾아
항상 자비로움과 기쁨, 평등,
조화로운 축복의 마음이 가득하게 해 주소서!
어떠한 상황이 되어도 꿈같고, 그림자 같고 물거품 같아서
변해가는 것임을 숙지하고
윤회에 머물러 고통 속에 살아가는
모든 생명에 대한 연민의 마음을 놓지 않겠나이다.

설사 나를 욕하고 비난하고 뒤에서 수근대거나,
나를 해치거나, 온갖 악행을 저지르는 자를 만나더라도
미워하거나 짜증내거나 두려워하지 않고
어머니가 어린 자식을 대하듯
사랑과 연민, 용서, 믿음의 마음을 갖게 하소서!

제64일 (주인공)

내 삶은 내가 창조해가는 것입니다.
전생과 과거, 가족, 직장, 이웃, 친구는 조연에 불과합니다.
나는 내 삶의 시나리오 작가이면서 감독이고 주연입니다.

자신이 주인공인 줄 믿지 않으니
재물, 건강, 자존심 등에 영향을 너무 크게 받아
재물과 타인들에게 끌려다니고 있습니다.

내 마음의 본성은 무한히 자비로우며,
남을 연민히 여길 줄 알고,
남이 잘하는 것을 축하하며 같이 기뻐하면서 평온합니다.

모든 생명에 평등하며 귀하게 여기고
그 생명들이 모두 깨달음 얻길 바라는 것이
나의 본성입니다.

본성으로 돌아가면 모든 문제가 해결되는데
그 본성을 믿지 않고 재물, 건강, 자존심, 관계 등에
끌려다녀 지은 죄가 태산같이 높습니다.

부처님!
저는 오늘부터
의기소침해하지 않고 불평불만 하지 않고
나 자신의 본성을 찾는 데 주력하겠습니다.
행복과 불행도 나 자신에게 달려있다는 것을
깨닫게 해 주소서!
항상 올바른 선택을 하게 해서
자신감 넘치고, 진취적이며, 긍정적 성품으로
남을 도우며 살아가게 하소서!

제65일 (보살도)

어떻게 살아야 할까요?
무엇이 가장 중요할까요?

재물이나 명예, 자존심, 의식주들이
더 좋고 편하며 남보다 더 우월하길 바라지만
그 모든 것은 뜻대로 되지 않으며
항상 하지 않고 예측 불가하기에
매달리면 매달릴수록 근심 걱정은 더 많아지게 됩니다.

허망한 것을 따르지 않고
진리를 따르며 살아가고 싶습니다.
나와 남이 깨달음을 얻겠다는 발보리심을 하여
진리만을 위해 살아가는 삶을 살고 싶습니다.

나와 남이 다르지 않음을 늘 생각하면서

남을 행복하게 만드는 것이 자신이 행복해지는 것이고
남을 깨닫게 하는 것이 곧
자신이 깨달음을 얻는 길이란 것을
깨닫게 됩니다.
남을 위해 살아가는 길은 보살도를 실천하는 길입니다.

부처님!
재가자는 세속적인 것에도 부족함이 없어야
남을 돕는 길에 전념할 수 있습니다.
우리 가족들과 이웃들이 보살도의 삶을 살 수 있도록
건강이나 재물 등에 대하여 각자가 원하는 만큼
충족되게 해 주소서!
사람들의 소원이 이뤄지면 질수록 세속적 욕망은 줄고
점점 보살의 삶을 살도록 길을 인도하여 주소서!

제66일 (게으름)

의기소침하거나 들뜨면 게을러지기 쉽습니다.
코로나를 겪는 동안 정말 시간이 많았지만
그 많은 시간에 과연 우리는 무엇을 했을까요?
그저 허송세월했나요?

직장이나 사업, 학교, 종교 활동 등 일상이 정지되고
나만의 시간이 많았습니다.
이런 시간에는 자기 자신을 갈고 닦아 계발하는 것이
훗날 큰 도움이 됩니다.

그러나 전염병의 확산으로 인한
공포감과 우려, 걱정 등이 커지자
자기 계발에 전념하기는커녕 허송세월만 하고 말았습니다.
기회는 준비된 사람에게 오는 것이지
준비되어 있지 않으면

아무리 대운이 좋고 기적이 일어나도
겨우 밥 한 끼 맛있게 먹는 것밖에 되지 않습니다.
지금이라도 늦지 않았습니다.
나를 갈고 닦기 위한 기도수행과 교리 공부, 봉사를
열심히 하겠습니다.
이렇게 하면 젊은이들은 좋은 인연이 생겨
직장과 이성에 만족하게 될 것입니다.
퇴직한 분들은 의미 있는 노후를 살게 되고 자식들을 위
해 기도해 주기도 하니 자식들이 잘되게 됩니다.

부처님!!
제가 이생이 다하고 다음 생이 다하도록
불법을 공부하고 익힐 수 있게 해 주소서!
고요하고, 자비로우며, 겸손하고, 집중 잘 되고,
솔선수범하는 불자가 되게 해 주소서!

제67일 (제행무상)

제행무상, 제법무아, 열반적정입니다.
모든 것은 항상 하지 않고 변해갑니다.
좋아질 수도 있고 나빠질 수도 있으며
건강할 때도 아플 때도 있는 것이며
성공할 때도 실패할 때도 있는 것입니다.

우리는 오랫동안 윤회하여 살아왔으니
해보지 않은 것이 없고, 되어보지 않은 것이 없습니다.
그렇지만 우리 마음은 이상하게도 잘되면 기뻐하고
실패하면 충격받거나 슬퍼하게 됩니다.

본래의 품성은 늘 고요하고
집중 잘 되어 있고 깨어 있어
평온과 지복, 자비와 사랑으로 가득 차 있으나

현재의 마음이란 것이 진리와 거리가 멀어
잘못 보고, 잘못 듣고, 잘못 받아들이는 착각 때문에
오욕락의 쾌락을 추구하고 희로애락의 감정에 놀아나고
있습니다.

부처님!
저희들이 제행무상의 이치를 깨닫게 해주소서!
생활 속에서 고정된 실체가 없음을 늘 알아차려
언제 어디서든 지혜롭게 처신하게 해주소서!
그리하여 나와 남 모두가
고통의 바다를 빨리 건너
열반의 세계에 이르게 하소서!

제68일 (자비희사)

마음조절이 잘 안 돼서 지은 죄를 참회합니다.
왜 마음조절이 안 될까요?
욕심과 의심, 어리석음, 오만함 때문에
마음 조절이 어렵습니다.

음식을 먹거나, 대화를 하거나, 일을 하거나
보거나, 듣거나, 만지거나 할 때마다 마음을 씁니다.
마음속의 욕심, 의심, 아만, 무지 등을 잘 성숙시켜
안정되어 있다면
생활 속에서도 나와 남을 기쁘고 행복하게 하는 사람이
될 것입니다.
그러나 우리는 마음속에 욕심, 의심, 아만, 무지, 성냄
등을 조절하는
마음공부, 마음훈련, 마음트레이닝을
열심히 하지 않았습니다.

마음도 식물을 키우는 것과 같아서 관심을 갖고 키워주면
무럭무럭 자라서 우리에게 큰 행복을 가져다주지만
무관심하고 잘못 키우면 나와 남에게
고통만 가져다주게 됩니다.
재물이나 직장 등이 나를 괴롭히는 것이 아니라
근본 원인은 마음에 달려 있는 것입니다.

욕심, 성냄, 어리석음, 의심, 아만 등의 마음은
어떻게 조절할까요?
알아차림과 관찰함으로 조절할 수 있습니다.
알아차리는 것은
모든 순간에 내가 어떤 마음을 쓰고 있는지
지켜봄을 말하고
관찰함은
순간순간 일어나는 상황이 늘 변해가고

항상 하지 않아 고정된 실체가 없어
끝없는 사랑과 연민, 기뻐함, 평온으로 가득 차 있다고
느껴짐을 말합니다.

부처님!
저희들은 내 마음이 왜 그런지도 모르고 살아왔습니다.
다행히 부처님을 만나 마음의 실체를 알게 되었고
마음을 건강하고 튼튼하게 할 수 있는 인연을 만났습니다.
부처님께서 주신 기회를 놓치지 않고 마음 훈련하는데
게으르지 않겠습니다.
매 순간순간 알아차리도록 하겠습니다.
모든 것은 변해가고 고정된 실체가 없으며
사랑과 연민, 기쁨, 평온으로 가득함을
알아차리겠습니다.

제69일 (각자의 입장)

사람마다 각자의 마음이 있습니다.
그 마음은 내가 가진 마음과 다르지 않습니다.
누구나 행복하길 바라고, 재물이 많길 바라고
존중받길 바라며, 자기중심적이기 쉽습니다.

각자마다 자신의 위치에서 세상을 바라보며
자신 위주로 생각하며 살아갑니다.
즉, 각자의 입장이 있다는 것입니다.

이런 이치를 알고
나와 남이 다르지 않음을 느끼는 정도에 따라
갈등하며 사는지 조화롭게 살아가는지가 결정이 됩니다.
자기 생각만 고집하면 갈등이 심하고
남의 입장을 알고 배려하고 타협하려 노력하면
갈등은 줄어들게 됩니다.

자기 입장을 적극적으로 표현하여
외부와 갈등이 있기도 하고
자기 생각은 강한데 표현을 못 하여
남이 보기는 유순해 보이지만
자기 내면적으로 끙끙 앓는 사람도 있습니다.

저마다 자신만의 생각들로
큰 성을 쌓아 놓고 있는데요,
그것도 모자라서 상대의 그 관념들이
맘에 드느냐 안 드느냐, 옳으냐 그르냐를
늘 평가하면서 행동하는
습관을 가지고 있습니다.

부처님!

나와 남이 다르지 않음에 대한 이치를
깊이 체득하는 생활방식이 되게 해 주소서!
상대의 마음을 변하게 하는 가장 빠른 방법은
자비와 연민, 평온, 배려, 공감임을 명심하겠습니다.
내 생각이 100% 맞고, 상대가 완전히 틀렸다 하여도
상대의 입장을 생각하여 기회를 주겠나이다.
양보가 최선의 방법이 될 때가 많다는 것을
잊지 않게 해 주소서!

제70일 (편견)

독실하게 신행 생활을 하는 이, 봉사를 많이 하는 이,
친구가 많은 이 등에 대한 편견에서 벗어나야 합니다.
독실한 사람도
욕심내고 화내고 거짓말하고 속일 수 있습니다.
봉사를 많이 하는 이도, 친구가 많은 이도
욕심내고, 화내고, 제 잘났다는 식으로
아만심을 부릴 수 있습니다.

보통 사람도 그럴 수 있고
조금 나쁜 사람은 당연히 그렇게 합니다.
하지만 나쁜 사람이 그렇게 할 때는 당연하다 여기고,
독실한 이나 봉사를 많이 하는 이 등이 그렇게 하면
크게 실망했다고 하며 돌아섭니다.
아무리 훌륭해 보이는 사람도
살면서 잘못된 선택이나 실수를 할 수 있고

시기적으로 욕심을 더 내거나 화를 더 내거나
오해받을 수 있는 때도 있는 것입니다.
아무리 악해 보이는 사람도
좋은 생각이나 좋은 일을 할 수 있습니다.
누구나 사람의 본성은 불성이 있으니 성스럽고 고귀합니다.
본성은 그러하지만
인연 따라 선행을 하기도 하고 악행을 하기도 합니다.

부처님!
어떤 사람을 대하든
좋은 사람이다 나쁜 사람이다 단정 짓지 않겠습니다.
어떤 일이 일어나도
언제든 달라질 수 있으니 미워하거나 원망하지 않겠습니다.
그 사람의 지위나 말솜씨, 외모, 인상 등에 휘둘리지 않고
본성을 보려 노력하겠습니다.

제71일 (즐겁거나 괴롭거나)

좋아지다 힘들어지다를 반복하며 살아가게 됩니다.
극도로 좋을 때도 있고 극도로 나빠질 때도 있는데
어떤 선택을 하느냐에 따라
더 잘되기도 더 나빠지기도 합니다.

좋을 때 겸손해서 회향기도를 하려 노력하면
나빠지는 일이 적고,
나쁠 때 긍정적이어서 희망(원력) 기도를 하려 노력하면
반드시 좋아집니다.

이익과 손해, 칭찬과 비난, 고통과 즐거움, 건강과 아픔,
무시와 존중, 젊음과 늙음, 우울과 들뜸, 소유와 무소유,
만남과 이별,
우리는 이것에 대해 충분히 사색하고
서로가 다르지 않음을 알고 반복됨을 이해하여야 합니다.

늘 변하는 것들이어서 고정된 실체가 없는데
집착하면 고통의 연속입니다.
이해하면 할수록 그것에 휘둘리지 않고 집착에서 벗어나
담담하여 조화를 이룰 수 있습니다.

부처님!
힘들 때든 좋을 때든 항상 부처님 전에 참회하고,
정진하는 원력을 세우겠습니다.
부처님은 한쪽에 치우치지 않게 조절해 주시는
참 스승이십니다.
힘들 땐 좌절의 동굴에서 뛰쳐나와
부처님께 의지하여 절하고, 독송하고, 공양 올리며
봉사하겠나이다.
좋을 땐 들뜸의 동굴에서 나와 회향의 공양 올리며
고요한 깨달음에 들도록 정진하겠나이다.

제72일 (오복)

박복해서 지은 죄를 참회합니다.
복에는 건강, 재물, 명예, 인연, 지혜 등의
5가지 복이 있습니다.

건강이 약하면 자기 몸 하나 감당하기 어렵기 때문에
남을 돕는 일에 매진하기 어렵고
약한 몸이 마음에 부정적 영향을 주어
화, 짜증, 두려움, 비굴함 등의 감정들이
자주 일어나게 됩니다.

재물복이 약하면 남과 비교하는 마음으로
늘 부족함과 아쉬움 등으로 자존감이 낮아집니다.
명예복은 남에게 존중받는 것을 말하는데
존중받지 않으면 존중해주지 않게 되기 마련입니다.

좋은 인연을 만난다는 것은
나와 함께 건강과 재물, 명예, 지혜, 기쁨, 행복으로
가는 이를 만난다는 것입니다.
지혜는 불성에 의거하여 마음을 써서 큰 원력을 세워
물들지 아니하고, 남 잘되도록 노력하여 결국에는
너와 내가 다 깨달음에 이르게 합니다.
건강이 약하든, 빚이 많든, 지위가 낮든, 장애가 있든, 친
구나 가족이 없든 부처님은 어떤 순간에도 늘 여여하고,
밝으며, 평온하게 살아가도록 지혜를 주십니다.

부처님!
저는 마음 쓰는 지혜에 집중하여
건강과 재물, 명예, 외모, 인연 등에 연연하지 않고
늘 남을 도와 너와 내가 윤회의 굴레에서 벗어나
진정한 기쁨과 행복을 누리며 살도록 정진하겠나이다.

제73일 (복 짓기)

박복하면 자기만 생각하게 되고
다복하면 모두를 행복하게 해줍니다.
복에는 오복이 있는데
인복, 재복, 명예복, 건강복, 지혜복이 있습니다.

오복이 충분치 않기에 불평불만의 상황에 놓이게 되고
늘 남과 비교하여 나와 남을 괴롭힙니다.
재물이 모자라고, 지위나 위치가 박약하며
몸이 아프고, 내 편이 없습니다.

불행의 원인을 알게 되었으니
이 문제를 하나하나 해결하겠습니다.
남을 위해 봉사와 공부, 기도를 열심히 하면
점차로 해결되지만
박복하니 봉사와 공부, 기도를 하더라도 순탄치 않아

이상한 사람 틈에서 시달리기도 하고
오해하거나 오해받기도 하며
구설과 시비에 휩싸이기도 합니다.

부처님!
제가 봉사, 기도, 공부하는데 순탄치 않음을 이해하고
어떤 일이 생겨도 꿋꿋이 실천할 수 있도록 힘을 주소서!
모든 문제는 박복해서 생기는 일이니 남 탓을 그만두고
복을 짓는 일에 몰두하겠나이다.
다섯 가지 복은 하나하나 따로따로
세밀하고 섬세하게 지어야 한다는 것을
잊지 않겠습니다.
복을 짓다가도 나쁜 일은 반드시 생기는데
그 핑계로 복 짓는 일을 그만두는
어리석은 행동은 하지 않겠나이다.

제74일 (잘해주면 더 하더라)

남을 위해 봉사, 보시하는 사람은
너무나 대단한 사람이고 은혜로운 사람입니다.
봉사하는 사람은 겸손해야 하고 도덕적이어야 한다고
단정을 지어 생각하기 쉬운데
못된 성격을 가진 이도 봉사할 수 있습니다.

늘 친절한 사람이 한번 화를 내면
화낸다고 실망해서 돌아서고
화를 자주 내는 사람이 다시 한번 화낼 경우엔
그냥 가만히 있습니다.

늘 친절하게 해주어서 너무 고마운 것은 생각지 않고
화낸 것, 욕심낸 것, 비도덕적이었던 것 한두 가지 때문에
그 좋은 인연을 놓치고 돌아서게 됩니다.

봉사하는 사람이 친절하고 겸손한 것은
당연하다고 생각해서 무심하게 대할 때가 많지만
사실은 겸손한 사람이 봉사까지 하니
너무나도 위대한 사람인 것입니다.

절에서 봉사하는 사람도 이기적이거나 화를 잘 내거나
욕심이 많거나 편파적일 수 있습니다.
선한 사람만 봉사하는 것이 아닙니다.

못된 사람이 절에서 봉사하며 자기편만 챙긴다 하여도
그것은 그 사람의 인격이
아직 성숙되지 않아서 생기는 일이니
그런 상황을 싫어하기보다
저렇게 이기적이고 어리석음에도 불구하고
부처님 인연을 만났다는 것을 칭찬하겠습니다.

100가지 나쁜 행위가 있다 하여도
한두 가지 잘하는 것이 있다면
잘하는 것을 보려 노력하고 칭찬하겠습니다.

부처님!
뭘 잘못하는 것에 대해서는
듣지도 말하지도 않으려 노력하고,
잘하는 것이 하나라도 있다면
그것이라도 보려 애쓰고 칭찬하려 노력하겠습니다.

제75일 (사소한 것에 목숨 걸지 말자)

우리에게 제일 중요한 것은 행복입니다.
나와 남이 모두 다 행복한 길을 걷는 것이 오래가고
나만 행복하면 오래가지 않아 불행해지기 쉽습니다.

사찰에서는 수행과 공부가 중요합니다.
사람들과 웃으며 희희낙락하기 위해
맛있는 것을 먹기 위해
존중 받고자
절에 다니는 것이 아닙니다.

배울 것이 있고 기도하기 좋은 도량이라면
사람들과의 갈등이나 소문, 의심 등으로
마음에 상처받아 절을 옮기거나 그만 다니면
작은 것 때문에 큰 것을 잃는 것과 같습니다.

가족들과도 서로 행복한 것이 중요하지
자존심이나 재물, 감정 등이 중요한 것이 아닙니다.
감정은 착각을 잘합니다.
감정대로 행동해서 좋아지는 것은 거의 없습니다.

부처님!
부처님께서는 화합을 가장 중요하게 여기셨습니다.
저도 화합을 위해 내 감정은 뒤로 하고
우리 모두의 행복을 위해 노력하겠습니다.
사랑과 자비, 연민의 감정은
더 성숙시키려 노력하겠습니다.
분노와 욕심, 시기 질투, 우울의 감정은
오해에 의해 생기는 착각임을
알아차리려 노력하겠습니다.

제76일 (말로만)

바둑을 두는 사람보다 훈수 두는 사람이
더 잘 본다는 말이 있습니다.
직접 해보면 그렇게 잘하지 못하는 데도,
머릿속에서는 잘 알고 잘할 거라는 착각에서
상대에게 말을 합니다.

CEO 노릇을 해본 적이 없으면서
CEO는 리더로서 이렇게 저렇게 해야 한다고
불평하거나 건의합니다.
주지를 해본 적도 없으면서
불평하고 비판하고 건의합니다.

해봤다 하여도 그때와 지금은 시절과 상황이 다른데도
자식에게 공부해라, 직장 가져라, 결혼 해라
등의 말을 자주 합니다.

요구하거나 불평하기 전에
'나는 그렇게 하고 있나'를 살펴야 합니다.
자기가 잘하고 있다 하여도
상대는 상황이 다르니 강요할 수도 없습니다.

부처님!
말하기 전에 먼저 상대를 믿겠습니다.
상대는 진실하며, 유능하고, 잘할 수 있으며
문제를 곧 해결할 것이며,
점점 좋아질 거라는 확신을 갖도록 하겠습니다.
이렇게 확신하며
불평이나 충고 같은 것을 당장 하지 않겠습니다.

제77일 (도전)

젊어서 고생은 사서도 한다고 합니다.
여기서 젊다는 것은 신체를 나이를 말하는 것이 아니고
영혼의 성숙 정도를 말합니다.

어리석어 지은 죄가 수미산 같이 많으니,
어서 빨리 지혜로움을 터득해 나아가야 합니다.
지혜를 성취하려면 세상의 온갖 경험 속에서
나와 남이 다르지 않음을 알아
남을 도우려는 자비심을 극대화 시켜야 하며
더불어 무상(無常), 무념(無念), 무주(無住)의 원리를
체득하여 집착을 제거하여야 합니다.

우물쭈물하다 보면 그 무엇에도 도전하지 못하고
정체하여 재능을 잃게 되어
남을 돕기는커녕 오히려 짐이 되어 버립니다.

충분히 준비되지 않아도 새로운 것에 도전하여
행하면서 배워나가면
기술이 많이 좋아지게 됩니다.

잘 모르는 새로운 것에 도전하면
실패하기도 하고 봉변을 당하기도 하는데
그러면서 배워나가는 것입니다.
말과 행동이 경솔하여
상대에게 상처를 주기도 하고
창피당하기도 하지만
그러면서 배워가는 것입니다.

아무것도 하지 않고 웅크리고 있는 것보다
세상에 나가서 좌충우돌 사고뭉치가 되는 것이
차라리 낫습니다.

부처님!
실수하는 사람, 죄짓는 사람, 이기적인 사람 등을
미워하기보단 자비심으로
그들이 자신의 말과 행동을 알아차려
결국에는 참회하며 살아가는 사람이 되게 해달라는
기도를 하게 해 주소서!
어떤 경험이라도 다
지혜로 성장케 하는 계기가 되게 해 주소서!

제78일 (분별심)

마음에 드는 것만 하려 하고,
마음에 들지 않는 것은 하기 싫어서
지은 죄를 참회합니다.
먹거리, 옷, 주거, 직장, 종교, 여행 등의 모든 상황에서
좋고 나쁘고를 분별하여 살아왔습니다.

세상만사와 삼라만상은
본디 아름답고 신비롭고 고귀합니다.
생로병사, 우비고뇌, 희로애락들도 고귀한 일들입니다.

파리, 모기, 바퀴벌레까지 고귀한 생명이고
노숙하는 이와 장애를 가진 이, 병든 이, 가난한 이 등도
고귀한 생명입니다.
그런데 우리 생각은 애욕과 집착으로 착각에 빠져
그런 것들을 분별합니다.

분별이 심하여 모든 것에 민감하게 반응하는 것을
업장이 두텁다고 하는 것입니다.

부처님!
저는 이제 착각에서 벗어나고 싶습니다.
먹는 것과 입는 것, 생활하는 모든 것에서 불편하여도
감사해하겠습니다.
검소하고, 양보하고, 겸양하고, 하심하고, 모든 이들을
존중하겠습니다.
모든 존재들을 평온하고 행복하게 하기 위해
기도하고 실천하겠습니다.
어떤 순간에도
알아차림과 선정, 제행무상, 무아, 열반의 마음을
근본으로 삼도록 이끌어 주소서!

제79일 (부처님 곁에 있게 하소서)

우리에게 가장 중요한 것은 마음이라는 것을 잊고
재물, 건강, 관계 등을 탐해서 생긴 죄업을 참회합니다.
우리 본래 마음은 끝없고 한없는 사랑으로 가득 차 있으며
부처임을 모르고 살아가는 중생을
연민히 여기고 불쌍히 여겨 눈물이 마르지 않습니다.
좋은 일을 하거나 잘 되는 것에 동참하며 같이 기뻐하며
칭찬하는 것이 본래 마음입니다.
모든 생명을 믿고 이해하고 배려하며
끝없이 도우려는 마음이 본래 마음입니다.

본래 마음을 찾으려 노력하면 행복의 길로 가게 됩니다.
사찰에 다니는 이유도 이 본래의 마음을 찾기 위함입니다.

그러나 인간관계나 재물, 건강 등에 문제가 생기면
번뇌가 많아지고 감정이 격해지게 되어 어리석어집니다.

본 마음을 찾아야 된다는 생각을 까맣게 잊고
원망하거나 불평하고 갈등하게 되어
인연의 끈을 놓아버리게 됩니다.

부처님!
제가 어떤 문제가 생기면
곧바로 부처님 전에 나아가
참회하고 발원하겠나이다.
어떠한 일이 생겨도 부처님을 떠나지 않고
끝까지 부처님 곁에 제자가 되겠나이다.
부처님 곁에 끝까지 남아있는 사람이
결국 승리하게 됩니다.
이런저런 이유로 부처님을 멀리하게 된다면
험한 길로 들어서는 것이니
부처님 곁에 늘 있게 하소서!

제80일 (자기합리화)

나의 말과 행동에 대한 합리화는
자신을 지키는 수단 중에 하나입니다.
진취적으로 굳건히 나아가려면
자기 확신이 필요합니다.

그러나 잘못된 자기합리화는
죄를 짓게 되거나
갈등을 일으키거나
오해를 하게 되는 근본이 됩니다.

가족이나 친구, 직장 등에서 서로 갈등이 일어났다면
누구 책임일까요?
화를 내거나 고집을 피운 사람 때문에
문제가 생긴 것이 아니라 모두의 문제입니다.

각자마다 자기 입장만을 생각하고
상대를 배려하지 않고
지혜롭게 대처하지 않아서 생기는 일입니다.

각자마다 자기합리화하는데 급급했지
참회하는 것은 등한시한 것입니다.

부처님!
저도 모르게
나 자신을 잘못된 자기합리화에 빠지지 않게 해 주소서!
참회하는 마음과 자기 확신의 마음에 균형을 잡아
중도를 잃지 않고
모두에게 행복을 주는 사람이 되게 해 주소서!

제81일 (가장 중요한 것)

중요한 것과 중요하지 않은 것을
구분하는 지혜를 갖게 하소서!
행복하게 사는 것이 가장 중요합니다.
깨달음을 이루려는 이유도 행복하기 위함이고,
돈과 명예, 건강, 가족을 위해 노력하는 것도
행복을 위함입니다.

그럼에도 불구하고 목표를 잊고 감정과 욕심에 휩싸여
나와 남을 괴롭게 하는 때가 많습니다.
마치 산 전체를 보아야 하는데
숲속에 들어가 길을 잃고 우왕좌왕하는 것과 같습니다.

행복을 이루기 위해
당장의 행복과 훗날의 행복, 작은 행복과 큰 행복,
혼자의 행복과 다수의 행복 등으로 나누어 보아야 합니다.

지금 당장은 힘들고 불편해도
훗날에 행복해질 수 있다면
지금은 참고 견뎌 내어야 합니다.
지금 이 순간
자존심 상한다고, 욕심난다고, 몸이 아프다고, 귀찮다고
기분대로 행동한다면 좋지 않은 과보가 따르게 됩니다.

나와 남을 모두 다 행복하게 하는
세 단계의 공식이 있습니다.
첫 단계는
도덕성의 밝음으로
생명사랑 정신으로 남에게 끝없이 베푸는 것,
거짓 없는 말을 사용하고,
상대의 마음을 존중하고 지켜주는 것,
화를 내지 않고 화합을 이뤄내는 것을 말합니다.

두 번째 단계는
정신 차리는 것으로
마음을 알아차려 집중하여 평온을 이루는 것입니다.
직장에 충실하여야 하며
절, 염불, 사경, 주력 등의 명상을 통해 번뇌를 끊고
단순해지며, 맑아져서
고요함과 평온함, 여유로움을 이루는 것입니다.
세 번째 단계는
그런 고요함 속에 나와 남, 대상, 세상을 깊이 통찰하는
지혜를 이루는 것입니다.

부처님!
집착과 오해로 인해 생기는 욕락에 매달려
화합을 깨거나 행복을 깨는 일을 하지 않게 해 주소서!
모든 생명이 평온하고 행복해지게 가호가피 내려주소서!

제82일 (기적)

137억의 나이를 가진 우주 공간을 살펴보면
지구 같은 행성은 찾아보기 힘들고
지구 안에 꿈틀거리며 살아가는 생명은
그야말로 기적적인 일이라 할 수 있습니다.

사람이 이렇게 느끼고 생각하고 말하고 행동하는 것은
기적적인 일이며 놀랍고 신기한 일입니다.

마음은 이런 것을 알아차릴 수 있고, 느낄 수 있으며
생각하는 대로 뭐든 될 수 있는 막강한 힘이 있습니다.

우리는 그런 마음의 힘을 무시하며 살아왔습니다.
돈이 많고 적다에 민감하고, 소유물이 남보다 좋다 나쁘다,
외모와 명예, 건강, 관계 등에서도 역시
좋다 나쁘다에만 몰두해서

본래 가진 마음의 힘을 무시하며 살아왔습니다.

전 우주를 통틀어서
가장 훌륭한 마음을 가진 나 자신입니다.
나 자신의 마음으로 돌아와서
내 마음에 집중하겠습니다.

부처님!
흔들리지 않고, 물들지 않으며, 자유로운 마음을 갖도록
정진하겠습니다.
재물, 자존심, 건강, 평판 등의 외부적 환경에
휘둘리지 않고
고요한 선정과 평화, 평온, 기쁨, 행복을 자각할 수 있도록
가호가피 내려주소서!

제83일 (실천)

생각이 많으면 도전도 못 해보거나
시작했다 하여도 오래가지 않기 쉽습니다.

지식과 교양, 철학으로 인해 생각이 많아지면
그 생각이 지혜가 되지만
자기 생각만 가득해지면 고집쟁이, 꼰대, 고지식하게 되어
자기 잘난 사람만 되기 쉽습니다.
자기 생각이 가득하면
상대를 자기식대로 생각해서 오해를 잘하고,
특정한 이로 규정해버려서 편견에 빠지기 쉽습니다.
이럴까 저럴까 생각만 가득하여 실행은 하지 않고
우물쭈물 망설임에 빠지기도 합니다.
시작도 하기 전에 근심 걱정...
가족과 친구, 이웃, 종교인 등을 믿지 못하고 근심 걱정...
실패할까 봐, 창피 당할까 봐, 손해 볼까 봐, 근심 걱정...

부처님!

부처님께서 늘 저를 옹호해주시고 가피를 주시니

저는 늘 평온하고 확신에 차 있으며

자신감과 자존감이 높습니다.

이제부턴 수행과 보시, 봉사, 공부 등은 곧바로 실천하고

끝까지 하려고 노력하겠습니다.

이런저런 핑계거리를 만들지 않고 곧바로 실천하겠습니다.

번뇌 망상하는 시간에

명상이나 강의, 봉사를 더 하겠습니다.

타인의 사생활이나 외모, 능력, 재산 등에 대해서는

추측하지도, 듣지도, 말하지도 않고

오로지 나 자신의 마음에 집중하여

흔들림 없이 나아가겠습니다.

제84일 (마음 훈련)

화, 욕심, 짜증, 시기 질투, 원망 등의
감정으로 지은 죄를 참회합니다.
그런 감정은 나의 것이지 남의 것이 아닙니다.

나의 것이라면 내 의지대로 움직여져야 하는데
마음 운전법을 터득하지 못한 저희들은 늘 좌충우돌하여
나와 남에게 상처를 주어왔습니다.

마음 운전법 제 1법칙은
내 마음대로 할 수 있다는 확신입니다.
화, 욕심, 원망 등의 감정은 내가 규정하는 대로
커지기도 하고 작아지기도 하고 없어지기도 한다는 것에 대한
확신을 가져야 합니다.

'난 화를 참을 수 없어!',
'난 욕심을 참을 수 없어!'
그렇게 생각하면 정말 그렇게 되어버립니다.

마음은 생각이 일어나는 대로 움직여지게 마련이니
좋은 생각이 일어나도록 자주 훈련을 하여야 합니다.

마음속으로 자주 이런 생각을 하는 것이 훈련 방법 중의
하나입니다.

———

모든 생명은 존귀하며
그 모든 생명들은 행복을 바라지.
난 그들의 행복을 위해 노력할 거야,
늘 미소와 친절, 사랑과 보시, 봉사를 하며 살 거야.
진실한 말은 서로에게 신뢰와 기쁨을 가져다주니

거짓말을 안 할 거야.

화를 내거나 욕심부리고 고집 피우고

남에게 피해를 주는 이들은

나쁜 이들이 아니고 아픈 이들이지.

그들을 불쌍히 여겨 치유되길 바라며 기도할 거야!

욕심내고, 화내고, 짜증 내는 것은

내게 정말 큰 손해이지.

행복하게 살기도 짧은 우리의 인생 아냐?

난 늘 기쁜 마음으로 깨달음을 향해 나아갈 거야!

———

부처님!

제가 살아가는 세상을

마음훈련소로 생각하며 살겠습니다.

저에게 좋은 교관이 되어주소서!

제85일 (관심병)

우리는 명예욕에 사로잡혀 많은 실수를 합니다.
명예욕에는 높은 자리에 오르려는 욕망,
관심과 사랑받고자 하는 욕망, 존중받으면 좋고
무시 받으면 싫어하는 욕망 등이 있습니다.
사람은 누구나
그 자체로 완벽하고 존귀하며 아름답고 훌륭합니다.
높은 자리에 오르려 하지 않아도 이미 높아 있고
이미 인기가 많으며 관심과 사랑을 받고 있습니다.
어리석은 무명이 앞을 가려 모르고 있다 보니
관심과 사랑받으려는 욕구가 치밀어 오르고,
무시 받으면 분노합니다.
언제 어디서나 남을 의식하여
가식적인 말과 행동을 하게 됩니다.
남이 조금이라도 잘하거나 칭찬받으면 껄끄러워하고
자기가 칭찬받으면 기뻐합니다.

남에 대해 안 좋게 말하고 자기에 대해서는 합리화합니다.

부처님!
저는 사랑을 주기 위해 태어난 존재입니다.
누구에게도 관심과 사랑을 받지 않아도
인정받지 않아도 괜찮습니다.
남들이 내 말을 듣고 하라는 대로
잘 따라하지 않아도 됩니다.
심지어는 무시당하거나 손가락질 받아도 괜찮습니다.
저는 제가 해야 할 일,
즉 보리심을 일으켜 보살도를 닦기 위해 늘 남을 위해
남 잘되고 행복하게 해주기 위해 노력하겠습니다.
보시와 지계, 인욕, 정진, 선정, 반야바라밀을
실천하려 노력할 것이지
남들의 시비 분별에 휩쓸려 다니지 않겠습니다.

제86일 (실망)

내가 변하기도 하고, 상황이 변하기도 하고, 사람이 변하기도 합니다.
좋게 생각했던 사람이 예전과 달라진 것 같아
실망하는 경우가 종종 발생합니다.
그런데 그런 일은 필연적으로 생길 수밖에 없다는 것을
모르면 함정에 빠져 마음만 좁아지게 됩니다.

어떤 상황에서도 늘 적정하게 잘 대응하는 사람은 거의 없습니다.
자신의 마음도 시기에 따라 변해가는 데다
만나는 인연과 상황들도 달라지기에
아무리 냉철하다 하여도
자신과 가까운 사람들과 무리 짓게 됩니다.
가족, 친구, 직장, 종교, 계중, 정치 등
일상생활 속에서 자주 발생하는 일입니다.

좋게 생각한 사람이 변했다고 단정 짓지 말고
관망하고 시간을 갖고 지켜보아야 합니다.
'네가 그럴 줄 몰랐어! 이제야 본색이 드러나는군.
그런 사람이었구나! 역시 너도 똑같은 사람이야!'
그렇게 생각하기 전에
자신이 달라진 것은 없는지 살펴야 합니다.
좋게 생각하는 사람은 만나기 쉽지 않은데
그 변해가는 상황 때문에 실망하여 좋은 사람을 잃게 되면
결국 내 곁에 남아있는 사람은 아무도 없습니다.

부처님!
저에게 인연법을 관찰하는 힘을 갖게 해 주소서!
갈대처럼 흔들리는 마음을 다잡아
물들지 않고 흔들리지 않는
건강하고 생기 넘치는 마음을 갖도록 인도해 주소서!

제87일 (생사)

산다는 것은 죽음이라는 것이 있기에 존재하는 말입니다.
크다는 것은 작은 것이 있기에 큰 것이고
평화는 전쟁이 있기에 평화가 있는 것이고
부자는 가난이 있기에 부자인 것입니다.

살아있는 이는 언제든 죽을 수 있고
전쟁도 언제든 일어날 수 있고
재산도 언제든 흩어질 수 있는 것입니다.

부자가 늘 부자라고 생각하며 세상을 살면
가난한 자를 무시하는 등의 차별심을 갖고 살아가기 쉬워
그런 부자는 누구나 싫어하니 진짜 부자라고 할 수 없고
부자가 언제든 가난한 이가 될 수 있다는 것을 뼈저리게
느낀다면 가난한 이에 대한 차별심이 없어
오히려 존중받는 진짜 부자가 될 것입니다.

살아있는 사람이 언제든 죽어 축생이 되거나 지옥, 아귀, 아수라가 될 수 있다는 것을 알면
현재의 인연과 삶에 원한, 원결 없이 최선을 다해 살게 될 것입니다.

부처님!
저는 부처님께 기도하기를
아프지 말고, 부자가 되고, 좋은 직장을 갖고, 좋은 배우자를 만나 가정을 이루고 가족의 행복, 건강 등의 기도를 하기보다는
나와 남이 모두 발보리심하여 결국에는 큰 깨달음을 얻어 언제 어느 상황에서도 흔들리지 않고, 매이지 않고, 성냄이나 욕심 없이 진정한 평온과 축복 속에 살아가길 기도하겠나이다.
감사합니다. 부처님

제88일 (남 일에 관심 끄자!)

가장 중요한 것은 나의 마음을 아는 것입니다.
세상 돌아가는 이치와 타인의 마음을 헤아리는 이유는
내 마음을 제대로 보기 위함입니다.

세상 돌아가는 것을 보다 보면 함정에 빠지기 쉽습니다.
폭류를 보고 있다가 폭류에 빠져드는 것입니다.
폭류에 빠지면 그 흐름에 휘말려 정신 못 차리고
같이 갈등하게 되고, 같이 비방하게 되고, 같이 오해하고,
같이 왕따시키고, 같이 싸우게 됩니다.
자신은 정당한 이유가 있어서 그렇게 하는 것 같지만
결국 부질없는 행동에 불과한 경우가 많습니다.
국가나 사회, 단체 등이 위험에 처했을 때
몸을 불사르면서 부르짖는 것은 정의로운 일이나
사람들 사이에서 벌어지는 소소한 일들은
먼 산 바라보듯 하여

관여하기보다는 내 마음을 챙겨
마음공부에 집중하는 것이 훨씬 낫습니다.
사람들이 웅성웅성하는 일에 신경 쓰지 말고
마음공부에 집중하십시오.
자기도 모르는 사이에 사람들 사이에 깊이 연결되면
말과 행동이 유치해지게 됩니다.
크게 보면 용서나 이해되는 일에 너무 민감하게 생각하여
상황에 끌려다녀 갈등하게 됩니다.

부처님!
이 어리석은 중생을 구제해 주소서!
내 마음의 재산을 헤아리는 것이 중요한데
남의 일에 일일이 반응하는
어리석은 중생을 구제해 주소서!
오로지 마음공부 기도에 전념하게 해 주소서!

제89일 (기쁨)

기이(奇異)하고 기이하도다!
신기하고 특별하고 굉장하도다!
모든 생명은 본디 부처님의 지혜를 갖추고 있지만
무명, 미혹, 욕심에 휩싸여 알지 못하고 보지 못한다고
화엄경에서 설하셨습니다.

모든 생명이 모두 부처님의 지혜를 갖추고 있으니
성품을 보면 모두가 존경스럽고 위대하고 평등하건만
우리 중생들은 성품을 보지 못하고 자기 착각에 빠져
오해하고 분별하여 생명에 차별을 두고 좋고 나쁨을 나
누며, 실패와 성공, 승리와 패배, 부자와 가난 등의 논리에
빠져 고통과 불안에 휩싸여 살아갑니다.
내 눈과 귀가 밖으로 향해 있으면 들리고 보이는 것에 민
감하여 자기도 모르게 세상 흐름에 놀아나게 되고,
내 눈과 귀가 내 마음을 지켜보며 안으로 향하면

사물의 실체를 보기 때문에
아무리 많은 것이 눈에 보이고 귀에 들려도
휩쓸리지 않고
본래 마음에서 우러나오는 자비와 연민, 평정심으로
대하게 됩니다.

부처님!
남을 보고 들으려는 악습을 끊고 나를 보게 하소서!
본래 마음으로 돌아와
늘 기쁨과 환희에 가득 찬 삶을 살겠습니다.
부처님의 자비광명이 제 안에 가득 참을 느끼고
다른 사람의 마음에도 가득 참을 보려 노력하겠습니다.
이것저것 분별에서 벗어나
오로지 기쁨과 환희, 자비 광명이 가득한 세상임을
늘 되뇌면서 행복하게 살겠습니다.

제90일 (사랑의 기술)

우리가 만나는 이들은 인연이 있어서
해결해야 할 숙제가 있어서 만나게 됩니다.
특히 가족과의 인연은 서로가 도움이 되는 인연들이지
원수가 만난다는 말은
착시현상에서 나왔고 단순한 푸념에 불과한 말입니다.
"아이고, 이 웬수야!" 하듯이…
엄청 귀중한 가족과의 인연을 망치기도 하는데요,
관계할 줄 몰라서, 관계에 서툴러서 생기는 일입니다.
사람과의 관계를 내 감정이나 내 방식으로만
맺으려 해서 망치는 것입니다.
관계하는 데는 기술이 필요합니다.
가족은 서로 사랑하기 위해 만난 인연임을 알고
그 사랑을 완성하기 위해 노력하여야 합니다.
가족을 볼 때마다 '난 널 사랑해!'라고 생각하여야 하며
말까지 하면 더 좋습니다.

배우자와 자식, 부모와 각각 연애를 하여야 합니다.
연애한다는 것은 같이 여행도 가고, 밥도 먹고,
커피숍도 가고, 쇼핑도 같이 하고,
선물도 주고 등의 적극적 노력을 한다는 것입니다.
상대가 해주길 바라지 말고
능동적으로 사랑을 나눠야 합니다.

부처님!
우리는 사랑하기 위해 태어났고 만나고 있다는 것을
명심하겠습니다.
인연되는 모두에게 사랑을 느끼고 사랑을 전하는 것이
진정한 자비심이라는 것을 명심하겠습니다.
어떤 오해와 실수, 실패, 아픔이 있어도
분노와 시기, 질투, 미움, 답답함 등의 감정은 빨리 버리고
사랑과 기쁨, 행복, 나눔을 위해 노력하겠습니다.

제91일 (자기 문제)

자기 자신의 판단대로 결정되는 법입니다.
행복, 불행, 고통, 즐거움, 분노, 기쁨 등은
자신에게 달린 것입니다.
공통적으로 칭찬은 좋아하고,
비난과 구설, 무시당함, 차별받음 등은 싫어합니다만
그것도 본인의 가치관에 따라 느낌이 다릅니다.
아만이 강하면 무시당하고 차별받으면
화가 치밀어 오를 것입니다.
겸손하고 이해심 많으면
무시당해도 화나는 정도가 크지 않습니다.
자비 연민심이 강하고, 세상의 이치를 아는 사람은
차별받았을 때 오히려 담담하고 기세가 꺾이지 않으며
당당합니다.
사람들 중엔 자기 입장만 생각하거나,
남을 무시하거나, 불평불만을 입에 달고 살거나,

눈치만 보거나, 욕심을 내거나,
예의가 없는 어리석은 사람들이 많습니다.
내가 아무리 잘해도
그런 부류의 사람을 자주 만나게 되는데
그때마다 억울해하고 미워하고 분노하고 답답해하면
결국 똑같은 사람이 됩니다.
자기 잘못은 없다고 우기겠지만
갈등하는 순간 똑같은 사람이 되는 것입니다.

부처님!
저는 생활 속에서
부처님 가르침을 체득하며 살아가겠습니다.
행복과 불행은 자기 자신의 마음에 달려있다는 말씀을
잊지 않겠습니다.
항상 부처님처럼 생각하고 행동하려 노력하겠습니다.

제92일 (사랑해야 할 이유)

마음은 왕이고 대상은 부수적인 요인들입니다.
행복과 불행은 대상에 의해서이기 전에
어떤 마음을 먹느냐에 달린 것입니다.
돈이 많아지고, 인기가 많아지고,
하는 일이 잘되면 당연히 행복하겠지만
그중 하나에 문제가 생기면 불행해합니다.
다 잘된다 하여도 자기 건강에 문제가 생기거나
가족에게 문제가 생기면
그거 하나 때문에 괴로워하는 것입니다.
괴로움과 즐거움은 사실 마음먹기에 달려 있습니다.
사람들은 행복해야 할 이유보다 불행해야 할 이유에
더 민감합니다.
문제가 하나 있으면 그 문제만 보지
그 외의 다른 것은 보려하지 않아서 불행해집니다.
문제점에만 쏠려있어 다른 좋은 것들을 잊게 됩니다.

문제가 해결되면 그때부턴 행복할까요?
불행도 습관입니다. 또 다른 문제에 집중하게 됩니다.
삶이란 복잡다단하기에 어느 하나는 반드시 문제가 있기 마련인데
하나가 해결되면 그 다음 문제가 대기 중인 것입니다.
결국 마음을 바꾸지 않으면
평생 불행감에 시달릴 수밖에 없습니다.

부처님!
상황이 아무리 안 좋아도 그 속에서 좋은 점을 찾아내서
행복해야 할 이유에 더 집중하겠습니다.
미워해야 할 이유보다는 서로 화합하고 사랑해야 할 이유에 더 집중하겠습니다.
편히 쉬려 하거나 욕심내기보다 봉사해야 할 이유,
공부와 기도해야 할 이유에 더 집중하겠습니다.

제93일 (내 마음)

모든 것은 마음입니다.
외부적 인연과 상황도 마음에 포함됩니다.
온 우주가 다 내 마음입니다.

가족들은 내 마음이 드러나서 활동하고 있는 것입니다.
나와 가까운 인연들은 모두
내 마음이 나타나 활동하는 것입니다.
그래서 가족이나 친구, 이웃 등을 대할 때
내 마음이 나타난 것이라는 것을 잊지 말아야 합니다.

상대가 착한 행동을 하면 내가 한 것이고,
상대가 잘못을 저질러도 역시 내가 한 것입니다.

상대를 미워하고 원망하고 화내고 욕하고 때린다면
나 자신을 그렇게 하는 것이 되어서 불행해지고

상대를 사랑하고, 아끼고, 존중하고, 용서하면
나 자신을 그렇게 대하는 것이니 행복해지는 것입니다.

부처님!
저는 이제까지 너무 나 자신만 생각하여
이기적으로 살아왔습니다.
모든 이들이 바로 나 자신임을 알지 못하여
욕심내고, 갈등하고, 원망하며 살아왔습니다.

부처님의 은혜로 모든 존재가
나의 마음이 드러난 것임을 깨닫게 되었습니다.
이제부터는 모두에게 늘 감사하고, 사랑하고, 나누며
함께하는 공덕을 짓겠습니다.

제94일 (아는 것 때문에)

배워서 지은 죄를 참회합니다.
우리가 공부를 하는 이유는 더 행복해지기 위함입니다.

알면 알수록 자신과 남을 괴롭히는 사람이 있습니다.
그런 사람에게 '모르는 것이 약이다'라고 말합니다.

남녀가 평등하다. 거짓말하지 말라, 살생하지 말라,
훔치지 말라, 약속을 지켜라, 불륜하지 말라,
좋은 직장을 가져야 한다, 돈이 많아야 한다,
차별하지 말라, 무시하지 말라, 불평하지 말라 등등
사람들은 어려서부터 아주 많은 것을 들어왔고
들은 것에 대한 관념을 가지고 있습니다.
그 관념을 지키기 위해 노력하고
그 생각과 다르면 자괴감에 빠지거나
남에게 자기 생각을 강요합니다.

화를 내고 욕심을 내고 어리석어지는 요인 중에
가장 큰 부분을 차지하는 것은 자기가 듣고 본 것,
학습한 것 등에 갇혀 버린다는 것입니다.

부처님!
내가 간섭받기 싫은 것처럼
다른 사람도 같다는 것을 이해하겠습니다.
나 자신에게는 철저하고
타인에게는 다양성과 자율성, 변동성을 이해하여
관대해지겠습니다.

타인이 거짓말을 하든, 횡령을 하든, 뒷담화를 하든,
오만하고 이기적이든, 약속을 안 지키든 관계없이
그들의 본 성품만 보아 좋아지기만을 기도하고
용서하고 이해하여 좋아질 때까지 기다리겠습니다.

제95일 (내가 만든 세상)

나의 눈으로 세상을 보고, 귀로 듣고, 코로 향을 맡고,
입으로 맛을 느낍니다.
대상과 보고 듣는 등의 접촉을 통해
뇌는 그것을 느끼고 받아들여 의식을 만들어 냅니다.
접촉되어지는 대상은 누구나 같을 수 있지만
그것을 느끼는 뇌는 다릅니다.

어떻게 느끼고 생각하느냐는 자기 자신에게 달려있고
그 힘은 무한한 영역입니다.
크고 작고, 행복 불행, 빈부귀천, 병과 건강, 미인과 추
인, 남녀노소 등의 개념도
사실은 나에게 달려있는 것입니다.

내가 싫으면 안 만날 수 있고, 안 할 수 있고,
내가 좋으면 할 수 있습니다.

만들어진 세상에 내가 존재하는 것 같지만
내가 세상을 만들고 있기도 합니다.

내 앞에 나타난 모든 것은 내가 만들어낸 형상입니다.
내 마음 속에 다 있는 것이고
내 마음 속에서 변화되어 갑니다.
좋은 사람을 만나면 나의 좋은 모습이 나타난 것이고,
악한 사람을 만나면 나의 악한 모습이 드러난 것입니다.

사건 사고가 생기면
역시 내 속에 있던 것이 드러난 것입니다.
나의 것이니 내 의지대로 할 수 있으나
무명에 의해 당하기만 합니다.
그 마음을 완벽히 마스터한 사람이 부처님이시고
우리는 부처님의 방법대로 수련해 가고 있습니다.

부처님!
세상의 주인은 자기 자신인 줄 모르고
남 탓만 하며 죄짓고 살아가는 저희들을 용서하소서!
내가 만들어가는 세상에
부처님이 가장 중심에 자리 잡도록 힘을 주소서!

재물이나 명예, 인간관계보다
부처님이 가운데 계시어
부처님처럼 세상을 보고 듣고 활동하여
내 안의 모든 것이 깨어 드러나게 되어
결국 세상의 모든 이들이 다 깨달음을 얻게 하소서!

제96일 (겸손)

남이 오만한 것엔 민감하면서 자신의 오만함은 모릅니다.
자신이 오만한지 아닌지 아는 방법이 있습니다.

1. 네 편 내 편을 나눠 생각한다.
2. 누구에겐 미소 친절인데 누구에겐 냉담하다.
3. 칭찬하는 말보다 불평 또는 비판을 더 많이 한다.
4. 평가하는 말과 생각을 많이 하고 그에 따라 대하는 것
   이 다르다.
5. 충고나 잔소리, 지적 등을 듣는 것에 예민하게 반응한
   다.
6. 미안하다, 죄송하다, 고맙다, 감사하다 등의 말을 거
   의 하지 않는다.

겸손하면서 당당한 사람은 모든 사람이 신뢰합니다.

겸손이라 하면
교양과 지식이 있으면서
예의 바르고 타인을 배려하며
나보단 남을 더 칭찬하는 이를 말합니다.
자신보다 어리거나 지위가 낮은 이에게도
고맙다. 미안하다. 사랑한다. 잘 한다 등의 말을
자주 하면 저절로 겸손해지게 됩니다.

모든 일에서 누가 대신하길 바라지 않고
오히려 본인이 스스로 솔선수범하여 정리정돈 하고,
더러운 것을 치우며, 커피와 음료, 음식 등을
자주 제공해주는 사람이 됩시다.

부처님!

제가 차별 없는 사랑과 연민, 미소, 친절, 배려가

몸에 익혀지도록 이끌어 주소서!

오만방자하고, 예의 없고, 함부로 말하고,

편을 가르는 사람을 만나도

그들을 거부하지 않고

오히려 이해해주고 따뜻하게 대하여

언젠간 그도 오만함에서 벗어나도록 기도하겠습니다.

제가 더 겸손해지게 하소서!

제97일 (진실을 보는 눈)

내가 들은 이야기가 항상 옳은 것은 아닙니다.
아니, 내가 들은 정보는 이미 변질되어 있으니
그것을 감안해서 이해하여야 합니다.

사람에 대한 이야기, 정치, 경제, 건강 등에 대한 정보는
내가 충분히 공부하지 않은 상태에서 듣게 되면
양질의 정보가 귀에 들리지 않습니다.

떠도는 이야기는 대개 각자마다의 뇌피셜이지
팩트를 기반으로 하지 않는 경우가 많습니다.
부동산이나 금, 주식 같은 것을 남 이야기만 듣고
매입하면 대개가 손해를 보는 이치와 비슷합니다.
그래서 잘 모르는 분야에 대해 이야기를 들으면
그것에 확신을 갖고 굳이 남에게까지 전하는
실수를 해서는 안 됩니다.

사람에 대해서도 남의 이야기만 듣고
거의 확실한 것 같은 심정이라도
굳이 허물에 대해서는 말하지 않고 생각지도 않는 것이
서로가 마음이 편합니다.

인문, 경제, 정치, 심리 등에 대해서
항상 관심을 갖고 공부를 하면 할수록
더 나은 정보가 귀에 들리고,
옳고 그름도 판별하게 되고,
세상에 도움도 줄 수 있게 되며
누군가를 정말 도울 수 있는 사람이 됩니다.

부처님!
제가 평생토록 공부할 수 있게
좋은 스승과 도반, 도량을 만나게 해 주소서!
지금의 스승과 도반, 도량이 점점 발전하여
삼보가 되도록 이끌어 주소서!
거짓 정보나 질 떨어지는 이야기가 들리지 않게 하고
혹 들리더라도 실체를 보아 흔들리지 않게 하며,
더 나아가 진실을 전하는 사람이 되게 해주소서!

제98일 (시기 질투)

보현보살의 10대 원 중에 '수희공덕원'이 있습니다.
남 잘되거나 잘하는 것에 함께 기뻐하는 것을 말합니다.

잘생기고, 능력 있고, 지혜롭고, 돈 잘 벌고,
행운이 따르는 등은 이전에 지은 공덕의 결과입니다.
그런 공덕을 보면 함께 기뻐해주고 축하해주면
그것이 또 공덕이 되어서 자신도 그렇게 되거나
그것을 뛰어넘게 되는 것입니다.

그러나 마음이라는 것이 어리석어 남 잘되면 오히려
마음이 거북해지고, 말과 행동에 가시가 돋습니다.
이것은 스스로 알아차리기도 하고
자기도 모르게 말과 행동이 되기도 합니다.
우리 삶에서 가장 악독하고 뿌리 깊은 번뇌입니다.
이것이 주는 피해는 이루 말할 수 없이 많습니다.

자신을 어리석게 만들고, 화합과 발전을 깨게 합니다.
나와 남에게 상처를 주기도 합니다.

시기 질투라는 단어를 받아들이고
남이 잘될 때 조금이라도 거북하거나
단점을 보려하거나, 약점을 찾으려 하거나,
자기가 더 잘나서 별거 아니라고 하거나 하는 등의
마음이 일어나면
즉시 본인이 시기 질투를 하고 있다고 알아차려
함께 기뻐하려는 마음으로 다스려야 합니다.

시기 질투는
나보다 잘난 사람에게만 느끼는 것이 아닙니다.
나보다 못하다고 여기는 사람이든
비슷하든 더 낮든 관계없이

그에게 유독 예민하게 반응하거나,
불편하게 느끼거나, 신경 쓰이거나,
자꾸 단점만 보려고 하는 등의 일이 생기면
시기 질투의 번뇌로 인해 생기는 것이라 의심하고
즉시 알아차려
넓은 마음으로 상대를 위해 기도해주고 축하해주고,
존중과 기쁨으로 대하여야 합니다.

부처님!
저는 저에 대해 겸손해지고
저의 실체를 더 깊이 보고 싶습니다.
시기 질투가 저의 마음에 얼마나 깊숙이 침투해 있는지
보게 해 주소서!
'수희공덕원'을 크게 이뤄
나와 남을 모두 행복하게 하여지이다.

제99일 (빈말에 상처받지 말라)

세상의 모든 물질과 상황은
복잡한 인연관계로 연결되어 있습니다.
그것을 몇 마디 말로는 담아낼 수 없으며,
아무리 많은 말을 해도 역시 담아내기 어렵습니다.
말은 제한적이며 단정적이어서 말하는 순간
말에 얽매이니 틀려 버리게 됩니다.

사람의 마음도 말로 표현하기 어려워서
아무리 천재적인 언변술을 갖는다 하여도
비판받기 쉽습니다.
그래서 진보, 보수가 서로 의견 차이가 심한 것입니다.
진보는 진보대로 보수는 보수대로
각자의 입장에서는 가장 맞는 말을 하고 있으나
자기 입장만 생각하니까 화합이 안 되는 것입니다.

훌륭한 언변술을 갖기 위해 노력하지 않는 이상
사람들은 말로 상처를 주고받게 됩니다.
마음이 탐욕과 성냄, 어리석음이 많을수록
말은 거칠어지고 힘이 없으며
자기 생각에 갇혀 있는 말과
감정적이고, 모욕적이며, 차별하는 말을 하게 됩니다.

자신의 마음도 잘 읽지 못하고
세상의 흐름도 잘 알지 못한 상태에서 하는 말이니
거짓 정보를 듣고 말하기도 하고
순간의 감정이나 판단으로 말합니다.
그야말로 대부분의 말들은
흘려들어도 될 만큼 가치가 없습니다.
그러니 타인의 말에 괴로워 말아야 합니다.

미워한다, 원망한다, 짜증난다, 못생겼다 등등의 말들은
언제든 변할 수 있는 것입니다.

부처님!
제가 말에 끄달리지 않는 사람이 되게 해주소서!
말속에 흐르는 근본을 보게 하소서!
제가 하는 모든 말이 상대의 마음을 어루만지는
치유의 말이 되게 해 주소서!
자비와 연민, 기쁨, 행복, 자유, 평등의 말로
세상에 정의를 세우는 사람이 되게 해 주소서!

제100일 (용서)

지은 복이 없어 가난하고, 몸도 아프고, 친구가 없습니다.
복은 어떻게 지을까요?

자비심을 갖고 자비행을 하면 공덕을 쌓는 것입니다.
남을 용서하는 것이 큰 복을 짓는 일입니다.
피해받거나 이용당하거나 관재구설이 따르면
보통 사람은 보복 또는 원망, 불평을 합니다.

그러면 복이 쌓이기보다는 있던 복도 달아납니다.
인과는 분명하니 상대는 과보를 받을 것이요,
화가 난 내가 직접 응징할 필요는 없습니다.
잘못을 저지른 사람은 어리석어서 행한 일이니
불쌍한 존재입니다.
늘 그런 식으로 피해를 주며 살아가는데
얼마나 마음이 피폐하겠습니까?

겉으론 행복해 보여도
내면으론 자기도 모르게 썩어가고 있는 이들입니다.

그러니 불쌍히 여겨 용서하십시오.
용서란 이해하고 받아들여 원망치 않음이며
오히려 그를 위해 기도해주는 것입니다.

좋은 경험이었고
이로 인해 깨달음으로 나아가는 발판을 삼아야 합니다.

용서할 일이 생기는 것은
내 마음을 더 깊이 볼 수 있는 기회이고
자기 자신의 마음을 시험하고 훈련시키고 능력을 향상시
킬 수 있는 기회입니다.

부처님!
어떤 일이 벌어지든
부처님께서 주신 숙제, 과제로 여겨 달게 받고
자비심을 잃지 않겠습니다.
부처님의 심법을 익힐 수 있도록
늘 저의 곁에 머물러 주소서!
저에게 끝없는 법문을 해주시는 부처님이시여!
강아지 울음소리, 사람의 분노, 욕심의 소리,
바람과 비의 소리 등의 모든 것이
부처님 법문임을 알아차리게 도와주소서!

제101일 (남을 돕자)

세상에는 도움이 필요한 사람이 많습니다.
사람으로 살아가는 것은
고통의 바다를 건너는 것과 같아서
서로가 버팀목이 되어야 그나마 행복하게 살 수 있습니다.

홀로 서지 못하는 데다
지지해주는 사람이나 재물 등이 없으면
너무나 힘들게 살아갑니다.
힘들면 몸과 마음에
우울, 불안, 조울, 공황, 공포, 중독, 집착 등의
장애가 생기게 됩니다.

자살 충동도 시도 때도 없이 일어나는데
우리는 이런 사람을 도우며 살아야 합니다.

위험에 처한 사람을 돕는 것은 당연한 일이지만
도움에도 기술이 필요합니다.

착한 마음으로 잘해주다 나중에 큰 화를 입고
자칫하면 '착하게 살면 피해본다' 거나
또는 그가 극단적인 선택을 했을 경우엔
죄책감에 시달려서 큰 충격에 빠지게 됩니다.
그래서 그런 일이 생길 것을 각오하고
도와주어야 하는 것입니다.
그런 위험에 빠질까 두려워
남 일에 신경 안 쓰는 사람이 많으면
그런 사회를 지옥이라고 합니다.
위험에 빠질 것을 각오하고 남을 돕는 사람이 많으면
행복한 사람이 더 많은 사회가 됩니다.

부처님!
모든 생명이 행복해지도록 노력하겠습니다.
나 혼자만 배부르고 편하게 지내려 하지 않고
마음과 먹을 것, 물건 등을 서로 나누며 살겠습니다.
남이 이기적으로 산다고 해서 비난치 않을 것이며,
절대 이기적인 것에 물들지 않고
남을 위해 살아가게 하소서!

제102일 (추모)

사람은 누구나 죽게 마련입니다.
이 풍진 세상을 살아가는 것은
고해바다를 건너는 것이어서
끝까지 살아남는 것만 해도 기적이라 할 수 있습니다.

그러니
돌아가시면 누구나 관계없이 추모해주고 기도해주어
다음 생은 정말 행복한 존재가 되어야 합니다.
상중이나 49재 기간에는 그 사람의 공적이나 행동에 대해
냉정하게 평가하는 것은 나중으로 미루고
무조건 애도하고 기도해주는 것이 도리입니다.

사람은 죽은 후의 평가가 진짜라고 할 수도 있습니다.
젊어서 아무리 좋은 일을 많이 해도
노년에 인색하면 나쁘게 말하고,

젊어서 방탕해도
나이 들어 베풀고 살면 그나마 좋게 말합니다.

제일 좋은 것은 평생토록 베풀고 살아가는 것이겠지만
100년의 인생 중 실수하거나, 피해 주거나, 상처 주거나,
갈등으로 싸움하는 등의 일을 겪지 않는 사람은 없습니다.
누구나 공(公)이 있고 과(過)가 있기 마련인데
허물을 들춰내면 나쁘지 않은 사람 없고,
공을 들춰내면 좋지 않은 사람이 없습니다.

그 사람이 내 가족이라면
나는 어떻게 말할까를 생각합시다.
내 편은 좋은 평가를 내리고
상대 진영의 사람은 깎아내리는 짓은 말아야 합니다.

부처님!

세상 모든 이들이 서로를

배려하고 이해하고 존중해주는 이가 되게 하소서!

죽는 순간에 오로지

'나무아미타불'을 외우는 정신력을 갖게 하소서!

악을 행한 자가 극락에 간다면

부처님의 힘으로 진참회를 할 것이니

악을 행한 자가 벌 받기 바라는 사람이 되기보다

극락에 가서 참다운 삶을 살게

기도해주는 제가 되게 하소서!

제103일 (누가 만들었지?)

내가 만든 세상인가?
만들어진 세상에 살아가는가?
만들어진 세상에 내가 태어나 살고 애쓰는듯하지만
깊이 생각해보면 내가 세상을 만들어가고 있는 것입니다.

내가 만든다면
뭣이든 원하는 대로 되어야 하는 것 아닌가요?

능력에 따라 다릅니다.
자기 역량만큼 세상을 만들어가는 것입니다.
만들어진 세상에 살아간다고 생각하면
자기 능력은 더 이상 좋아지기 어렵지만
내가 만들어가는 세상이라면
자기 능력은 나날이 좋아지게 됩니다.

사람과의 관계도 내가 어떻게 주도하느냐에 따라
행복할 수도 있고 불행할 수도 있습니다.

내가 먼저 미소, 친절, 양보, 존중, 배려, 칭찬을 해주면
서로 행복한 관계가 되는 것입니다.
내가 짜증내고, 불평하고, 욕심내고, 게으르면
상대와 불편한 관계가 됩니다.

재물과 명예, 건강도 마찬가지입니다.
내가 주도적이어서 나와 대상을 잘 알 때
세상은 내가 더 잘 만들어가는 것입니다.

원결을 짓지 않고 살아가는 것이 좋지만
악질적인 상대를 만났을 적에는
좀 더 시간을 가지고 현명하게 대처하여야 합니다.

그 악질적인 상대는
나 자신의 마음 중
악한 것이 드러나 나타난 것이란 걸 잊지 않는다면
좀 더 현명한 대응을 할 수 있을 것입니다.

부처님!
제게 좋은 도반, 좋은 스승, 좋은 도량을 만나도록
가피 내려 주소서!
부처님께 발원하는 그 힘만큼 이뤄진다는 것을 믿습니다.
내 앞에 나타나는 모든 것은
제 마음이 드러나 표현된 것이란 것을
잊지 않겠습니다.

제104일 (마음 사용 설명서)

직업상 기술력이 좋으면 직장 걱정이 없습니다.
요리, 도자기, 농업, 자동차, 건축 등등 무엇이라도
기술이 좋으면 생활비 걱정 없이 살아갈 수 있습니다.

그런데 그 기술이 직업에만 적용되는 것이 아니라
더 중요한 마음에도 적용됩니다.
마음 사용하는 기술력이 좋다면
물건을 다루는 기술도 당연히 좋아지게 됩니다.

마음 사용 기술 습득은
부처님 말씀을 지속해서 배우고, 사색하고,
적용하는 데서 이뤄집니다.
반야심경, 금강경, 법화경 등의 경전은
모두 마음 사용 설명서입니다.

마치 건강하게 태어나면
운동하지 않아도 몸이 건강할 수 있는 것처럼
마음 사용의 기술에 대해 배우지 않아도
잘 하는 사람이 있지만
대부분의 사람은 운동과 적절한 영양 섭취가
신체 건강과 밀접하게 관계있듯
마음 사용하는 것에도 법칙이 존재하여서
따로 공부하고 익히지 않으면
아무리 나이가 많아도
마음 사용 미숙자가 되기 쉽습니다.

자기 생각대로 마구마구 마음을 쓰면
자신도 힘들고 남도 힘들게 합니다.
마음 사용하는 법을
따로 배우고 익히려고 노력해 보았나요?

절에 다녀도 마음 훈련을 위해 노력하지 않았다면
헛다닌 것이 됩니다.

부처님!
저희들은 너무나도 다행히
부처님의 마음 사용 설명서를 받아 지니게 되었습니다.
천만 톤의 금보다 더 귀중한 이 설명서를 주신 은혜
하늘보다 높고 바다보다 깊습니다.
이렇게 귀중한 경전을 받고도
마음 사용 기술을 높이기 위해 노력하지 않는 것을
참회합니다.

이제부터는 마음 훈련을 열심히 하여
진정한 불자가 되겠습니다.

제105일 (기도가 곧 돈)

기도의 효과를 무시하는 사람이 많습니다.
기도는 마음 훈련이고
튼튼하고 지혜로운 마음은
재물과 명예, 승진, 사업성취와 긴밀한 관계가 있습니다.

젊어서 기도수행 하면
복과 지혜가 더해지므로
본인의 능력과 노력의 200%~500%의
효과가 생기게 됩니다.
중년에 기도수행 하면
가족의 행복과 삶의 질 향상에 도움되는 동시에
노후를 대비하는 것이며,
노후에 기도수행 하면
행복한 마음으로 죽음과 내생이 대비될 뿐 아니라
가문이 창성해지고, 자식과 손주들에게 존경받게 됩니다.

결국 기도수행은 퇴직한 이에겐 눈에 보이진 않지만
보통 사람의 월급 이상의 효과가 있습니다.
돈을 벌지 못하는 것을 쓸모없음으로 생각하는 것은
큰 착각입니다.
기도 공덕인 보이지 않는 돈이 더 큰 돈이 됩니다.

부처님!
저희들은 지금까지 큰 착각에 빠져 있었습니다.
마음 공부가
행복과 부자의 기본임을 망각하며 살았습니다.
이제부터는 부처님 경전인 마음 사용 설명서를 독송하고
연구하여 진리에 더욱 가까워지겠습니다.

나와 남 모두가 이롭고, 즐거우며, 평온하고,
지혜롭기 위해 끝없이 노력하겠습니다.

제106일 (홀로서기와 혼자 살기)

무소의 뿔처럼 혼자서 가라!
부처님께서 수타니파타라는 경전에서 하신 말씀입니다.
세상의 모든 존재는
이것이 있으므로 저것이 있고,
이것이 소멸하면 저것이 소멸한다는 연기적 존재여서
우리는 서로 도와가며 살아야
행복해질 수 있다고 하셨습니다.
즉 남을 돕는 사람이 많아지면 밝은 사회가 되어서
개개인이 다 행복해진다는 것입니다.
'무소의 뿔처럼 혼자서 가라'라는 의미는 무엇일까요?
'홀로서기'입니다.
홀로 선다는 것은
마음을 튼튼히 하여 흔들리지 않고, 물들지 않으며,
자유롭고 능숙한 마음을 갖는 것이지
혼자서 산다는 것과 다릅니다.

혼자 산다는 것은
이기적으로 흐르기 쉬운데
남을 배려하거나 존중하여 돕지 않고
자기만을 생각하게 되면 당장은 편안한 것 같지만
시간이 지날수록 난처한 상황으로 진행됩니다.

마치 일하기 싫어서 게으르면 직업을 못 갖게 되고,
마음이 나태해져서 마음에 병이 들면
화내고, 짜증 내고, 욕심과 시기, 질투, 허영심으로
가득 차게 되듯이...

세상은 연기적으로 움직여지지만
자신의 마음은 착각하여 혼자인듯한 느낌을 받습니다.
그 느낌대로 살면 괴로움이 더 크니
홀로서기를 하여야 합니다.

부처님!
제가 무소의 뿔처럼 혼자서 갈 수 있도록
홀로서서 나아갈 수 있도록 가호가피 내려주소서!

타인의 말과 행동 때문에 흔들리는 어리석음에서
벗어나게 해주소서!

누군가
악을 저지르든, 남을 무시하든, 거짓말을 하든
그것에 상처받기 보다는
그들을 가엾이 여기는 지혜를 주소서!

제107일 (노동)

나를 이루는 요소를 크게
몸과 정신으로 나눌 수 있습니다.
사람의 성향도 몸을 잘 쓰는 자와
머리를 잘 쓰는 자로 나눌 수 있습니다.
몸을 잘 쓰면 부지런한 사람이고
머리를 잘 쓰면 지혜로운 사람입니다.

요즘 세상은 몸을 쓰는 일이 점점 줄어들다 보니
몸 쓰는 것을 싫어하는 사람이 많아지고 있습니다.
몸은 안 쓰면 안 쓸수록 녹슬게 되는데요,
녹슨 몸은 마음에까지 영향을 주어
마음을 갉아먹는 벌레가 됩니다.

마음은
타인을 도울 때와 뭔가 의미 있는 일을 했을 때,

집중된 고요한 선정에 들 때, 참 진리 속에 있을 때
진정 행복합니다.
하지만 그렇게 되기 위해서는
육체적 노동, 부지런함, 유연성 등이 꼭 필요합니다.

비록 건강이 따라주지 않는다 하여도
몸이 안 좋다고 가만히 있으면 더 나빠지게 됩니다.
아프더라도 몸은 움직여야 활력이 생깁니다.

몸이 유연하고 능숙할 때 마음도 그렇게 되기 쉽습니다.
몸이 게을러지고 있지 않은지,
일하기 싫어하고 있지 않은지 잘 살피고
어디서든 몸을 움직이는 일에
적극적이 되려고 노력하여야 합니다.

부처님!

몸으로 지은 죄 지중하여 게으른 몸 되었으니

이제부터는 열심히 일하고 봉사하겠습니다.

몸이 게을러지면 살생, 투도, 사음 등의

유혹에 빠지기 쉬우니

생명을 살리는 일과

계율을 지켜는 것,

교리 공부하는 것,

기도수행 정진하는 일에

집중하겠습니다.

제108일 (참회)

자기 인생에 최선을 다하지 않는 사람은 없습니다.
누구나 열심히 하고 있지만 평가가 다를 뿐입니다.
평가로 인해 더 발전하는 사람도 있지만
오히려 나빠지는 사람도 있습니다.

마음을 다스리지 못하면 평가를 잘못 내리게 되고
스스로 불행에 빠져 버립니다.
그래서 돈 버는 것도 중요하지만
마음 닦는 것은 결코 그에 못지않습니다.
가정 주부가 이십 년 동안
자녀 양육과 살림살이(내조)를 잘해놓고
나이 들어서 자신의 삶을 생각하며
허탈해하거나 비참해합니다.
사실은 굉장히 열심히 살았음에도
크게 뭔가 잘못된 것인 양 괴로워합니다.

남보다 더 낫길 바라서일까요?

사실 지난 시간 본인은 최선을 다해 살아왔습니다.

다만 미래를 준비하지 않아서 지금 부족해 보일 뿐이지

사실은 너무나도 완벽하게 살아왔습니다.

마음 잘 다스려서

자신이 살아온 것과 남이 살아온 것에

긍지와 존중의 마음을 가져야 합니다.

세상은 계속 변해 갑니다.

나이도 점점 많아집니다.

변해 가는 것이 두려워 스스로 삶을 비하하지 마십시오.

돈 버는 것도 중요하지만 더 중요한 것은 마음입니다.

젊은이는 마음을 닦으며 가정생활과 경제생활을 하면

행복과 부의 양은 더욱 커지게 됩니다.

40대 이상의 분들은 경제생활도 좋지만
기도와 마음공부의 비중을 늘리시기 바랍니다.
자신와 가족, 자식을 위해 기도하는 사람,
공부하는 사람이 되는 것이 훨씬 중요합니다.
기도와 공부는 자신을 지혜롭고 자비롭게 만듭니다.
각박한 세상에서 자식들의 큰 힘이
지혜가 되어주는 부모가 될 수 있습니다.

부처님!
성공했든 실패했든, 부자든 가난하든,
좋은 직장이든 아니든 관계없이
모두 다 최선을 다하며 살아왔다는 것을 인정하여
모든 이들을 존중하겠습니다.
자신을 비하하여 괴로워하는 사람이 없도록
가호가피 내려주소서!

제109일 (상처주는 일)

모든 존재는 연기적으로 존재합니다.
어느 한 생명이 유리하면
피해받는 생명이 반드시 있게 마련입니다.
사람이 살겠다고 집을 지으면
집 지으면서 보이지 않는 많은 생명이 죽습니다.

밥이 내 앞에 오르기까지 많은 생명이 희생당합니다.
그러므로 우리는 참회하면서
생명 살리기 운동을 실천하여야 합니다.

사람들 사이에도 모두가 다 좋아하기는 어렵습니다.
아무리 잘 하려 해도
누군가는 나로 인해 상처받게 됩니다.
게다가 나 자신은 불완전한 존재라서
실수를 거듭하곤 합니다.

상대도 불완전한 존재이니
서로 오해가 쌓이고 갈등이 쌓이기도 합니다.
오해와 갈등, 불화는
그것을 인정하여야 개선할 수 있습니다.
실패했다고, 힘들다고, 기분 나쁘다고
감정대로 행동하면 더욱 깊은 수렁에 빠지게 됩니다.

인정하고 미안해하며 희생과 헌신, 인욕으로
묵묵히 가던 길을 계속 가게 되면
나중에는 오해와 갈등이 해결됩니다.
누구나 실패할 수도, 남에게 상처를 줄 수도 있습니다.
중요한 것은 '의도'입니다.
좋은 의도로 하는 일이면
그만두지 말고 끝까지 밀고 나가야 합니다.

부처님!
제가 무지 무명에서 빠져나와
남을 망치는 일이 없도록 인도해 주소서!
남을 위해 사는 것이 자기를 위해 사는 것이라는 것을
확연히 깨닫게 하소서!
좋은 의도를 가지고 행하는 일이 어떤 결과가 생기든
담담히 받아들이겠습니다.
결국 부처님께서 다 해결해 주실 것을 믿고
정진하겠습니다.

제110일 (마음 바꾸기)

몸의 상태나 삶의 환경에 의해 의식은 지배당하기 쉽지만 마음을 바꿔 먹으면 행복할 수 있습니다.
일단 마음은 '내가 주인이니 내가 하고자 하는 대로 움직여진다'라는 믿음이 강하여야 합니다.

마음은 자기가 정의하는 대로 움직여집니다.
마치 운전할 때 운전대를 왼쪽으로 돌리면 좌회전이 되고 오른쪽으로 돌리면 우회전이 되는 것처럼...

'난 행복하다' 하면 행복하게 되고
'불행하다' 하면 불행해지는 것이 원리입니다.

몸이 아파도 이런 생각을 하면 행복해집니다.
'병은 나의 친구야~ 나를 철들게 하지.
몸은 아프지만 마음은 항상 즐거워

아프지만 몸이 부서져라 봉사할 거야'

가계 경제 상황이 나쁠 땐 이렇게 생각하면 좋습니다.
'돈은 있다가도 없는 것
돈보다 중요한 것은 마음이지, 마음을 닦아야지.
돈 없어도 난 행복해.
돈은 결코 나를 훼손시킬 수 없지.'

부처님!
어떤 상황에서도 부처님의 말씀이 생각나서
중도를 잃지 않고 모두에게 도움이 되게 하소서!
자본주의 물질주의의 시대에 세상이 움직이는 대로 따라
가면 반드시 고통이 따르게 됩니다.
부처님 방식대로 마음 바꾸기를 쉬지 않게 하겠습니다.

제111일 (공부)

모르고 지은 죄가 알고 지은 죄보다 더 큽니다.

모르고 지은 죄는 알 때까지 계속 짓게 되고,

알고 지은 죄는 반성하고 참회할 기회가 있기 때문입니다.

인과를 믿지 않는 사람은 남에게 큰 피해를 주고는

죄 짓는다는 생각조차 하지 않고

오히려 약점을 이용해 더 큰 이득을 취하려 합니다.

이도 역시 인과를 모르기에 모르고 지은 죄에 해당됩니다.

모르면 죄는 반복되고 복덕과 지혜는 얕아지기 쉽습니다.

사람은 생각할 수 있는 존재이고

그 생각하는 것 때문에 만물의 영장이 되었고,

부자나 권력자가 될 수 있는 것입니다.

생각을 잘 활용해야 뜻하는 모든 것을 이룰 수 있습니다.

잘되길 바라면서 공부를 하지 않으면 공상에 불과합니다.

공부는 나이와 관계 없습니다.

노후가 되면 공부가 귀찮아지지만

공부하지 않는 노후는 비참하기 쉽습니다.

나이 들수록 마음공부를 하여야

삶의 의미도 알게 되고

노후의 여유와 안락, 행복을 느낄 수 있습니다.

그런 마음은 자식에게도 큰 영향을 주어

자식들도 의미 있는 삶을 살게 됩니다.

위대한 유산은

돈보다 마음공부로 남겨주는 것입니다.

부처님!

마음공부를 멀리한 죄를 참회합니다.

이제부터는 나이 탓, 시간 탓하지 않고

마음공부에 전념하겠습니다.

마음공부가 진정 큰돈 버는 것이고

행복의 길임을 알게 하소서!

제112일 (밖으로 향함)

외부를 명품으로 장식하는 것보다
내면을 명품으로 장식하려 노력합시다.

우리의 눈과 귀, 코, 혀, 신체, 의식은
분별 비교하는데 익숙해서 항상 더 나은 것을 찾습니다.
더 좋은 집, 차, 옷, 신발, 장신구, 음식, 재물 등을
늘 갈망하나 그것의 본질은
이슬, 번개, 꿈, 물거품처럼 허망하며 실체가 없는 것이
라서 깊은 물 속을 허우적대는 꼴입니다.
채우려 하여 채워지는 듯하지만
날개 없이 두 팔로만 날갯짓하는 것처럼
헛된 짓에 불과하니 마음은 평온을 잃고 헤매게 됩니다.
타인이 어디에 살고, 어떤 옷을 입고,
얼마만큼 누리고 사는지 관심 끊고
자신의 마음으로 눈을 돌리십시오.

자신의 마음을 명품으로 만들려 노력하십시오.

고귀한 마음이란 사무량심, 사섭법, 보현십원, 삼법인, 팔정도, 사성제, 12연기 등으로 단련된 마음을 말합니다.

밖으로 향하려는 것을 내면으로 돌려

내면의 마음을 아름답게 가꿉시다.

부처님!

저의 밖으로 향하려는 마음 때문에

지은 죄가 너무나 많습니다.

이제부터는 내면의 마음을 가꿔

그 마음으로 남을 위해 살아가겠습니다.

내 마음이 튼튼하지 않은 상태로 남을 위해 살다가는

나와 남이 모두 상처 받지만

마음을 튼튼히 가꾼다면

나와 남을 모두 행복하게 할 것입니다.

제113일 (이익과 손해)

내 것이 더 늘어날 때 행복하기도 하지만
내 것을 나눌 때 행복하기도 합니다.
내 것이 늘어날 때는 나만 좋지만
나눌 때는 같이 행복합니다.
나만 행복한 일은 단기적으로는 좋을 수 있지만
장기적으로는 결국 나도 불행해지기 쉽습니다.
내 것이 늘어난다고 해서 늘어난 만큼 나누게 되면
지금도 좋고 나중도 좋게 됩니다.

내 것을 잃는 손해는 괴롭지만 사실 손해를 극복하면
몇 배의 이익으로 돌아오기 마련입니다.
내 것을 나누는 것은 손해가 아니고
몇 배로 변하게 하는 시작입니다.
나눔을 손해라고 생각하게 되면
지금도 괴롭고 나중도 괴롭게 됩니다.

나누는 방법으로는
마음, 몸, 재물 등으로 할 수 있습니다.

마음으로는 상대를 존중하고 배려하며
사랑과 연민의 마음을 기르고 남을 위해 기도합니다.

몸으로는 남을 돕는 곳에서
몸으로 봉사하는 것으로서
청소, 설거지, 정리 정돈, 시설관리, 행정관리,
음식 음료 제공 등을 합니다.

부처님!
제가 이익과 손해를 분별하기보다
나와 남 모두 행복하게 하는 법을 생각하게 해주소서!
참 진리를 향한 마음이 간절하도록 이끌어 주소서!

제114일 (조상기도)

생명은 태어날 때 가지고 태어나는 것이 있습니다.
부모로부터 유전자를 전해 받아 태어나니까요.

유전자의 상황은 현재 살아가는 모습에
지대한 영향을 줍니다.
과거로부터의 영향인데요,
지난 것이라 해서 끝난 것이 아닙니다.
시간적으로 지났다 하여도
영향력은 현재도 진행되고 있습니다.
마치 나의 어린 시절이
현재의 나에게 큰 영향을 주는 것과 같습니다.

과거의 힘든 경험이 현재의 마음을 병들게 했다면
과거의 마음을 치유하는 것이 효과가 큰 것처럼
받은 유전자는 부모님과 조상님들의 경험입니다.

이미 받은 유전자를 치유하고 성장시키는 방법은
조상님을 위한 기도입니다.
조상기도는
매우 근원적인 치유이고 해결책입니다.

조상님들은 항상 후손들을 보살펴 주고 계십니다.

부처님!
조상님들의 은혜를 잊고 살아온 죄 참회합니다.
저희 조상님들을 극락으로 인도하여 주소서!

제115일 (보시)

나누지 않아 생긴 죄업을 참회합니다.
보시란 베푼다는 뜻으로
몸과 마음으로 베푸는 것을 말합니다.
내가 무엇을 많이 가져서 베푼다는 것이 아닙니다.
베푼다는 뜻은 나눔으로 이해하면 됩니다.
나눠야 할 이유는 근본적으로 내 것이란 것은 없고
모두 연기적으로 상호의존하며 형성된 것이니
우리 것이기 때문입니다.
내 몸과 마음도 나의 소유가 아니고 우리 공동 소유이고,
몸과 마음도 변해가며
결국에는 없어져 다른 것으로 변화합니다.
몸으로 나눈다는 것은
다른 사람을 위해 봉사하는 것으로
청소와 요리, 뒷정리, 간호 등
남이 움직이기 전에 내가 먼저 움직여서

실천행을 하는 것이 몸으로 나눔이고 보시입니다.
마음으로의 가장 기본은 남을 위한 기도입니다.
남을 위한 기도도 훌륭한 나눔이며 보시로서
몸이 건강하지 않아도 할 수 있는
강력한 효과가 있는 보시입니다.
배려와 존중, 미소, 친절, 용서, 감사, 사랑, 연민 등도
좋은 보시입니다.
불교공부, 마음공부, 명상 등의 자기 계발도
결국 남을 위해 하는 것이니 훌륭한 보시입니다.

부처님!
저는 보시하면 재물만 생각해 왔으니
참으로 어리석었습니다.
이제부터는 몸과 마음으로
보시를 실천하려 노력하겠습니다.

제116일 (지계)

마음은 보물이 가득한 창고입니다.
무엇이든 할 수 있고,
무엇이든 될 수 있는 것이 마음입니다.
그런데 그 마음도 간수를 잘 못 하면 약탈당하고 맙니다.

오욕락이 과도해지면
욕심과 성냄, 어리석음, 아만, 의심, 시기 질투가 심해져
창고가 털리게 되어
고통의 나락으로 떨어지게 되는 것입니다.
계율이란 그 마음 창고를 지키는 장수이며,
마음 창고를 채우는 농부와 같습니다.
살생을 줄이고, 생명을 살리는 노력을 합니다.
남의 것을 탐내기보다, 내가 가진 능력이나 재력을
아무 보답을 바라지 않고 베풉니다.
육체나 물질적 사랑을 줄이고,

상대를 존중하고 이해하며 배려 공감하여
정신적 사랑을 합니다.
거짓말, 이간의 말, 독선적인 말을 줄이고,
미소와 친절, 칭찬, 힘과 깨달음을 주는 말을 합니다.
건강을 해치는 먹거리는 피하고,
맑고 청정한 식생활을 합니다.
이 다섯 가지 계율은 모두
우리 마음 바탕의 근본인 불성을 드러내기 위함입니다.
모든 생명이 불성이 근본이니
평등하며, 귀하고, 아름답습니다.

부처님!
저는 부처님의 참 제자가 되고 싶습니다.
부처님의 말과 행동, 마음을 받아 그대로 닮고 싶습니다.
제가 부처님께 더 가까이 갈 수 있도록 이끌어 주소서!

제117일 (인욕)

사람의 감정은 아이와 같아 종잡을 수 없습니다.
감정은 감각적 쾌락을 따르는 성향이 있기에
오욕락에 민감히 작용하여
아상, 인상, 중생상, 수자상을 만들어냅니다.

감정대로만 하면 좌충우돌하다가
산산이 부서지게 될 수밖에 없습니다.
감정을 알아차려 잘 조절하여
사랑과 연민으로 승화시킨다면
관세음보살이나 석가모니불처럼
부처님이 될 수 있는 것입니다.

인욕이란 단순히 '참는다'의 뜻만 있는 것이 아니라
고요함, 집중, 평온함, 분별없음, 버팀, 희생, 지켜봄 등
의 의미도 있습니다.

감정을 조절하고 잘 길러내는 데는
인욕의 마음가짐이 중요합니다.

부처님!
저희들이 감정을 함부로 사용해서 지은 죄를 참회합니다.
화를 참는 어리석음보다
화가 일어나지 않는 지혜로움을 기르겠습니다.
욕심을 참는 어리석음보다
욕심이 일어나지 않는 지혜로움을 기르겠습니다.
모욕감, 창피함, 시기 질투의 어리석음보다
연민의 마음을 길러
오히려 상대를 불쌍히 여기겠습니다.

제118일 (정진)

도움받은 것은 하늘보다 더 많이 받았는데
도움 준 것은 티끌보다 적구나!

우주는 끝없이 상호 작용을 하여
서로가 서로에게 영향을 줍니다.
이것이 생하기에 저것이 생하고,
이것이 멸하기에 저것이 멸하는 것이며
이것이 있기에 저것이 있고,
이것이 없기에 저것도 없는 것입니다.
생명은 온 우주의 모든 것에 은혜를 입고 태어나
모든 것의 도움으로 살아가다가 자연으로 돌아갑니다.
사람은 특히나 더 많은 은혜를 입고 태어나
누리며 살다가 갑니다.
은혜 갚을 일이 하늘보다 높은데
무명미혹에 빠져서 은혜를 원수로 갚고 있습니다.

우리의 몸과 마음이 무명에 휩싸여

남을 위해 노력하지 않으면

누리기만 하는 것이므로 죄를 짓게 됩니다.

은혜를 누리면 죄가 되지만 은혜를 잘 갚으면

부처가 될 수 있으니 사람의 몸은 너무나 귀중합니다.

언제 어디서나 남을 위해 보시와 지계

인욕하기를 쉬지 않고 하여야

진정한 '은혜 갚는 자'라 할 수 있습니다.

부처님!

제가 게으르지 않도록 인도하여 주소서!

제가 연기법을 깨달아

매 순간마다 은혜 갚는 일만 생각하게 하소서!

매일매일 부처님의 법을 배우고 익히며

실천할 수 있게 하소서!

제119일 (선정)

마음은 감정의 영향을 받습니다.
감정은 그 진폭이 매우 커서
괴로웠다, 즐거웠다, 우울했다, 들떴다를 반복합니다.
그 감정들을 조절해주는 것이 이성인데요,
그 이성은 인문학 공부를 통해서 성장합니다.
배추에 소금을 뿌리면 숨이 죽듯이
날뛰는 감정들은 명상을 통해 선정에 들게 하면
길들여지기 좋은 상태가 됩니다.
숨이 죽은 배추는 몇 가지 양념으로 맛있는 김치가 되듯
선정에 든 감정은 위빠사나(觀)를 통해
아주 훌륭한 자비심과 지혜로 거듭나게 됩니다.
위빠사나란 부처님 가르침대로 관찰한다는 것으로
연기법을 바탕으로
나와 남이 서로 다르지 않음을 관찰하고
무상, 고, 무아와 자, 비, 희, 사 등을 관찰하여

팔정도와 육바라밀을 실천하는 것을 말합니다.
그 모든 것은 선정에 드는 것을 기본으로 삼아야 합니다.
선정이란 집중된 고요한 마음을 말합니다.
염불이나 절, 명상 등의 집중을 통해
고요해져야 감정은 길들여지게 되는 것입니다.

부처님!
저는 지금껏 너무 흔들리며 살아왔습니다.
부처님을 만나 흔들림에서 벗어날 수 있는 기회를
얻게 되었습니다.
선정에 들어야 하는 것이 얼마나 중요한지
오늘에야 깨달았으니
제가 선정에 들 수 있도록 늘 지켜봐 주십시오.
깊은 선정에 들어 부처님을 친견하여
온 중생에게 그 모습 전하고 싶습니다.

제120일 (반야지혜)

무명 · 미혹 · 욕락에 빠지면 지옥고를 면치 못하고
발보리심 · 자비심 · 염리심을 가지려 노력하면
끝없는 성장과 이익을 얻게 됩니다.

간단한 이치임에도
우리가 욕락에 빠지는 이유는 무엇일까요?
눈 · 귀 · 코 · 혀 · 몸 · 생각이 모두
눈앞의 이익과 즐거움만 찾기 때문입니다.

'안수정등'에서의 비유처럼 죽을 위험에 처해 있는데
머리 위에서 떨어지는 꿀만 먹으려 하고 있습니다.
눈앞에 위험과 죽음이 있건만
한치 앞을 내다보지 못하고
욕락만 추고하고 있는 것입니다.

눈앞에 가려진 색안경을 벗고
존재의 실상을 드러내는 것이 반야입니다.

좋은 집에 살려 하고, 좋은 옷과 음식을 즐기려 하고,
돈과 이성, 칭찬, 인기, 권력 등의 욕락이
고통의 원인이 되기 쉽다는 것을 간과하고,
즐거움만으로 여기는 착각에서 벗어나야 합니다.

부처님!
제가 치우친 견해에서 벗어나 진실만을 보게 하소서!

제121일 (정견)

생명에는 몸으로 살아가는 존재가 있고,
의식으로 살아가는 존재가 있습니다.
동물이나 식물은 의식의 영역보다는
몸에 영향을 많이 받으니
몸으로 살아가는 존재라고 할 수 있습니다.

천상의 존재들은 정신적 영역이 더 크고,
사람은 몸과 의식 둘 다 큰 영향을 받습니다.
몸을 즐겁게 하려다가는
지옥, 아귀, 축생으로 흐르기 쉽고
정신적으로 즐거움을 추구하는 자는
천상과 극락으로 왕생하기 쉽습니다.

원시 시대부터 지금까지 인간이 성장한 것은
의식의 영역을 서로 공유하고 발전시켰기 때문입니다.

나의 가치관, 나만의 철학, 관점, 사상은
내가 어떤 존재인지, 미래에는 어떻게 될 것인지를
말해 줍니다.

부처님!
올바른 견해가 그 어떤 것보다 중요한지
이제야 알게 되었습니다.
부처님의 지혜를 받고 싶사오니
제 곁을 떠나지 마옵시고
바른 법을 설해 주옵소서!

제122일 (정사유)

생각에는 흐름이 있습니다.
무엇을 골똘히 자주 생각한다는 것은
그것에 인연이 많다는 것이고
그 방향으로 흐르고 있음을 말합니다.
자신을 성장시키는 흐름이 있는가 하면
자신을 망가트리거나 괴롭게 하는 흐름이 있습니다.
생각의 흐름이 어떤 결과를 불러오는지 모르고
그냥 생각만 한다면 결과는 복불복이 되지만
그 흐름을 알아차리고 분석한다면
좋은 결과가 따르게 될 것입니다.
생각의 흐름을 핸들링하는 존재는
남이 아니고 자기 자신입니다.
상황이 어떻든 나 자신의 의지로
흐름을 이끌어 갈 수 있습니다.
남에게 무시나 사기를 당했을 때,

화내기보다는 상대를 측은히 여기십시오.
욕심과 성냄, 허영심, 투기심, 무지로 가득한 이를 보면
기분 나빠 말고 측은히 보십시오.
남이 좋은 일을 하면 시기하기보다는
그저 칭찬의 마음을 가집시다.
항상 하지 않고 변해가니 고정된 실체가 없고
모두 완벽히 훌륭한 불성을 지니고 있어
아름답다는 것을 늘 생각하면 기분이 좋아집니다.

부처님!
제가 부처님께 공양 올릴 생각만 하게 하소서!
제가 올린 공양은 세상에서 가장 수승하고 아름다운
최상의 공양이오니 이를 받으시어
온 세상이 불국토가 되도록 가피 내려 주소서!
제가 사는 이곳을 불국토로 만들려는 생각만 하게 하소서!

제123일 (정어)

처음도 좋고,
중간도 좋으며,
끝도 좋은 말을 하겠습니다.
말로서 사람을 살리기도 하고 죽이기도 하며,
한 국가를 위험에 빠뜨리기도 하고
국가를 발전시키게도 하는 힘이 있습니다.

몸으로는 백천 년을 갚아야 할 빚도
말로는 단 한 번에 갚을 수도 있습니다.
총칼보다 강한 말의 힘!

저는 이제 앞으로 올바른 말만 하도록 노력하겠습니다.
올바르다(正)는 것은 '적합하다, 훌륭하다,
발보리심하게 하다, 행복하다' 등의 의미가 있습니다.

내가 하는 말에 상대의 마음이 움직여
발보리심하게 되거나,
큰 목표를 갖게(원력) 되거나,
부정적에서 긍정적으로 바뀌거나,
위안을 받거나,
희망과 용기가 생기도록 노력하겠습니다.
부드럽고 상냥하며
자비 미소와 친절의 말을 갖기 위해 노력하겠습니다.
상처 주고, 차별하고, 폭력적이며, 이간, 아부,
퉁명스럽거나 톡톡 쏘는 말, 허영, 시기 질투,
오만한 말 등은 곧바로 지옥행임을 명심하겠습니다.

부처님!
저와 이웃들 모두가 올바른 말을 할 수 있도록
인도하여 주소서!

제124일 (정업)

업(業)이란 '의도가 있는 행동'을 말합니다.
업에는 전생부터 지금까지 쌓아온
선업과 악업이 있습니다.
현재는 과거로부터 왔으며
미래는 현재로부터 시작되는 것입니다.
현재는 비록 과거에 지대한 영향을 받지만
미래는 현재가 좌우하는 것입니다.

과거로부터의 '의도'는
현재 자신의 의지를 어찌할 수 없게 만들지만
우리는 부처님을 만나
내 의지로 과거의 업을 극복할 수 있는 법(darma)을
배우고 있습니다.

악업에 싸인 행동에서 벗어나기 위해

생명에 대한 존중과 귀함을 알아
가진 모든 재능과 재물, 힘을
남(생명들)을 위해 써야만 합니다.

부처님!
저는 이제부터는 윤회에서 벗어나려는 의도를 가진
행동만을 하겠습니다.
삼보에 귀의하고 예배 공경하며,
부처님을 찬탄하고,
부처님 앞에서 끝없는 참회와 공양을 올리겠습니다.
부처님 법이 늘 곁에 있길 발원하며
늘 법문을 청하고 배우겠습니다.
모든 생명이 곧 부처님이니 받들어 모실 것이며
모든 행동을 즉시 즉시 회향하겠습니다.

제125일 (정명)

의식주를 소비하지 않으면 죽음과 다르지 않음이니
살아있는 한 의식주가 반드시 필요합니다.
그런 의식주를 영위하기 위해 우리는 직업을 갖습니다.
그 직업이 남을 돕는 직업이면 올바른 직업이어서
직장생활을 하면 할수록 공덕까지 커지게 됩니다.

그러나 제 아무리 훌륭한 공덕을 짓는 직업이라 할지라도
그 의도가 선하지 않다면 큰 공덕이 되기 어렵습니다.
반면에 도축업, 횟집, 생물요릿집 등의
살생을 하는 직업을 가졌다 하여도
참회하며 원력을 세우고, 늘 기도해주고, 천도해 준다면
오히려 더 큰 공덕을 얻게 될 것입니다.
음식점, 편의점, 미용실, 판매업, 영업 등의
어떤 직업이라도
상대가 나로 인해 더 건강하고 행복하고

아름다운 삶을 살게 하려 노력하면
그 직업으로 큰 공덕을 쌓는 것입니다.

부처님!
저는 저의 직업을 통해
깨달음을 얻으려 노력하겠습니다.
직업의 귀천을 가리지 않고,
차별하지 않겠습니다.
직업을 갖지 못했을 때는
부처님 전에 나아가 끝없이 기도하겠습니다.
은퇴 후에나 조기 퇴직을 하였을 때 형편이 된다면
부처님 제자로 진리를 실천하며 살겠습니다.
부처님 전에 나아가 기도와 공부, 봉사하는 것이
자식이나 본인의 미래에 가장 훌륭한 선택이며
최상의 직업입니다.

제126일 (정정진)

쉬면서 아무것도 안 하면 편하고 행복할 듯해도
힘들어도 뭔가에 열심일 때 더 행복합니다.
쉬면서 아무것도 안 하면 근심, 걱정, 의심, 불안 등의
부정적인 생각이 더 커지기 쉽습니다.

공부, 일, 기도, 봉사, 취미 등 무엇이라도
열심히 하다 보면 집중력이 좋아져 목표도 생기고
좋은 아이디어도 떠오릅니다.
쉬는 것이 오래되어서 만성이 되면
목표도 없어지고 무기력해지지만
열심히 정진하면 힘은 들지만
삶은 더 풍요로워지고 아름다워집니다.
직업이 있다면 본인의 직업에 열심인 사람은
더 행복해지기 쉽습니다.
직업에 매진할 때 종교를 갖거나 취미가 있으면

힘들 것 같아도 오히려 꿈은 커지고 역량도 커지며
마음도 넓어지고 강해집니다.
직업이 있거나 없거나 남을 이롭게 하려는 의도로
깨달음을 위해 정진한다면 사람으로 살아가는 것이
얼마나 큰 기적이고 감사한 일인지 느끼게 됩니다.
산을 오르지 않는 자는 '힘들게 뭐하러 오르냐'고 하지만
산을 자주 오르는 사람은
힘든 것보다 훨씬 값진 것을 얻듯이
깨달음을 향해 정진하는 자는
결국 모든 것을 초월하는 경지에 이르게 될 것입니다.

부처님!
저의 두터운 업장은 모두 게으른 데서 생겼습니다.
남을 돕고, 남을 위해 기도하고,
남을 위해 공부하도록 인도하여 주소서!

제127일 (정념)

생각은 쉬지 않고 일어났다가 소멸하기를 반복합니다.
현재에 대한 생각부터 과거의 기억, 미래에 대한 생각,
인물, 직업, 취향 등 수많은 생각들을 합니다.
그 생각 중에 가장 많이, 가장 자주 하는 것에 따라
자신의 운명이 결정됩니다.
자주 생각하는 것이 있다면 그것에 대한 뜻이
이뤄지고 안 이뤄지는 것은 노력에 따라 달라집니다.
깨달음이나 진리에 대해 생각을 더 많이 하면
수행자가 되기 쉽고
재물이나 사랑, 자존심 등을 더 생각하면
마음이 그렇게 흘러갑니다.
우리는 이런 원리를 알아 나의 생각을 스스로 조절하고
방향을 만들어 가야 합니다.
정념(正念)=올바른 기억
순간순간 떠오르는 생각은 기억을 바탕으로 합니다.

그리고 그 생각들의 주인은 자기 자신이니
자신의 창고에서 꺼내오는 기억도
자신이 선택할 수 있는 것입니다.

내 기억 창고에 부처님 말씀을 많이 담아야 합니다.
부처님에 대한 기억을 많이 떠올리려 노력해야 합니다.
부처님 말씀은 사성제, 팔정도, 육바라밀, 삼법인,
12연기, 사무량심, 사섭법, 계율 등을 말합니다.
순간순간 부처님 말씀을 기억해서 떠오르게 한다면
욕심과 성냄, 분노, 우울, 어리석음 등에서 벗어나
진정한 행복의 길로 가게 됩니다.

부처님!
저희들이 부처님 말씀을 늘 기억할 수 있도록
저희 곁에 늘 머물러 주소서!

제128일 (정정)

언제 어디서나 평온한 마음을 갖길 발원합니다.
평온한 마음은 외부적 요인에 민감합니다.
나쁜 일이 생기면 마음이 금방 불편해지기 마련입니다만
나쁜 일은 언제 어디서 생겨날지 모릅니다.
날씨와 같아서 추위, 더위, 폭우, 폭설, 태풍, 안개 등은
언제든지 생기게 됩니다.
그래서 집을 튼튼히 만들고 냉난방 시설 등을 잘해놓으면
날씨 변화는 오히려 즐거운 구경거리가 됩니다.
마음도 마찬가지로 외부적 환경은 끝없이 변해가는데요,
내면을 갈고 닦아 마음을 튼튼히 한다면
삶의 희로애락을 즐길 수 있게 됩니다.

평온한 마음을 갖기 위한 연습이 필요합니다.
정정(正定)이란
집중을 통한 고요하고 평온한 마음을 말합니다.

외부적 환경에 의한 평온한 마음이 아니라
언제 어디서든 평온한 마음을 갖도록 훈련하는 것을
정정(正定)이라 합니다.

'관세음보살' 명호를 수천만 번 외우고
다라니와 진언들을 수없이 중얼거리고,
사경과 독송, 절 등을 하는 것은
모두 집중을 통해 고요함을 이루기 위함입니다.
집중된 평온이 있을 때
불보살님의 가호가피를 받게 되는 것입니다.

부처님!
저희들이 변치 않는 평온한 마음을 위해
늘 기도와 명상 수행에 집중할 수 있도록
인도하여 주소서!

제129일 (상승과 하강)

삶과 죽음은 들숨과 날숨에 있습니다.
들숨은 삶이요, 날숨은 죽음입니다.
들숨은 상승 · 확장으로 외면적이요,
날숨은 하강 · 수축으로 내면적입니다.

상승할 때는 기분이 좋고 행복하지만
하강할 때는 마음이 아픕니다.
상승할 때는 뭐를 해도 잘 되기 쉬우나
마음을 돌아보기 어렵습니다.
하강할 때는 마음을 깊이 성찰할 수 있게 됩니다.

하강하거나 나쁜 일이 생기는 이유는
다시 상승하기 위함입니다.
하강할 때는 자기 자신의 능력과 마음을 더 높여야
다시 상승을 더 가파르게 할 수 있습니다.

일이 안 풀리거나,
오해 · 차별 · 무시 · 배신 · 손해 등이 생겼을 때
화내거나 당황하지 말고
마음을 닦고, 능력을 키우라는 신호로 받아들입니다.

상승할 때 기도 · 공부 · 봉사를 하면
더 큰 상승과 더 오랫동안 상승하게 되고
하강할 때도 기도 · 공부 · 봉사를 하면
하강도 완만해질 뿐만 아니라 오래가지 않습니다.

부처님!
부처님의 가르침을 알게 되니
나쁜 일이 두렵지 않습니다.
언제나 부처님의 지혜를 받아 쓰는
불자가 되게 해주소서!

제130일 (무소유)

무소유에는 정신적 무소유와 형상적 무소유가 있습니다.
정신적 무소유는
재산이나 인연들의 많고 적고에 관계없이
마음에 집착이 없는 것을 말하고,
형상적 무소유는
재산과 물건, 인연들까지 끊어지고 없어지고
사라지는 것을 말합니다.
완벽한 무소유는
두 가지가 다 이뤄지는 것을 말하지만
사람들의 소망은
형상은 부자이고 정신적 무소유만 이뤄지길 바랍니다.
정신적 무소유는 공유한다는 것과 관계가 있는데요,
재물이든 사람이든 무엇이든 간에 내 것을 따지지 않고
상대에게 주게 되면 공유하는 것이며
정신적 무소유를 이루는 것입니다.

가난한 사람은 형상적 무소유를 반강제적으로 겪는 것인데
가난이 정신적 무소유를 잘 갈무리하면 행복하겠지만
가난이 부정적으로 작용되면
정신적 집착이 훨씬 강해지는 역효과가 날 수 있습니다.

현대인들은 재산, 물건, 관계들에서
벗어나기 어려운 환경에 놓여있습니다.
가진 것이 없는 사람이 정신적 무소유를 이루기 더 쉽지만
현대의 상황이 가난한 자는 오히려
원망과 한이 많아지고 있습니다.

부처님!
가난하다, 부자다 하는 관념이 우리를 감옥에 빠지게 하니
가난하다, 부자다 하는 분별에서 벗어나게 해주소서!

제131일 (경쟁사회)

사회는 경쟁을 부추기고 있습니다.
더 많은 재물, 권력, 외모, 능력 등을 갖기 위해
발버둥 치는 분위기입니다.
경쟁에서 이긴 사람은 승자로서 행복하고
진 사람은 패자로서 불행하다고 생각하게 합니다.
그러나 그것은 대단한 착각입니다.
남보다 우월하다 해서 생기는 즐거움은 감각적 쾌락으로
마약처럼 중독성이 강합니다.
마약을 섭취하면 기분은 좋을지 모르지만
반복적으로 섭취할 때 몸과 마음이 망가지게 됩니다.
식욕이 왕성할 때 과도하게 계속 먹으면 비만해지듯
남보다 우월하기만을 바라는 것은 위험이 따릅니다.
사람은 화합하고, 나누고, 주고 받을 때
기분이 좋아지고 건강해집니다.
남과 비교하려는 습관에서 벗어나야 합니다.

각각의 존재는 그 자체로서 아름다운 것입니다.
국화는 국화대로, 장미는 장미대로, 호박꽃은 호박꽃대로
꽃을 비교하기보다 그 자체의 아름다움을 보는 것이 더
행복하듯
사람들의 외모, 재산, 능력, 지위를 비교해 보려 말고
그 사람 자체로서의 존귀함을 봅시다.

부처님!
저는 지금껏 비교해가며 저 자신을 학대해왔습니다.
비교하는 마음으로 경쟁에 뛰어들었고
성공과 실패에 목 매여 살아왔습니다.
부처님의 가르침으로 그것이 얼마나 어리석은 삶인지
깨닫게 되었습니다.
모든 존재가 부처님이라는 것을 알게 되었으니
존재하는 그 자체를 귀하게 여기겠습니다.

제132일 (마음 꺼내 쓰기)

우리 마음은 108가지가 있는데
그 108가지랑 항상 같이 살고 있습니다.
108가지 마음 중에 어떤 마음이 부각되고,
어떤 마음이 왕좌를 차지하느냐에 따라
인격과 지혜, 삶, 능력이 달라지게 됩니다.

분노, 화, 성냄을 자주 꺼내 쓰면
본인도 가족도 주변인들도 다 힘들어하게 됩니다.
108가지 마음을 꺼내 쓰는 것은
자기 자신이지 남이 아닙니다.
비록 상황이나 인연이 조건이 될 수 있지만
그래도 내가 주도권을 가지고 있다면
상황에 따라 마음을 꺼내 쓰지 않게 됩니다.
화낼 상황에서도 웃을 수 있고
욕심낼 상황에서도 베풀거나 양보할 수 있게 됩니다.

하늘이 무너져도 솟아날 구멍이 있듯이
아무리 큰 실패나 실수를 했을지라도
극복할 수 있는 마음을 꺼내 쓴다면
극단적인 괴로움에서 벗어날 수 있습니다.

악조건에서는 힘든 마음이 떠오르겠지만
일부로 노력하여 기쁘고 행복한 마음을 꺼내 씁시다.

부처님!
마음의 주인이 나 자신인지 모르고
상황에 따라 허둥대며 살아온 죄를 참회합니다.
이제부터는 내가 내 마음을 꺼내 쓸 수 있도록
보살펴 주소서!

제133일 (칭찬)

칭찬합시다.
정말 많이 듣는 이야기인데
막상 칭찬하기가 쉽지 않습니다.
좋은 점보다 불만스러움이 더 잘 보이기 때문입니다.

좋은 것은 일상적인 반면
나쁜 것은 특별히 일어나는 것일 때가 많습니다.
공기는 소중하여 숨을 쉴 수 있을 때는
공기의 소중함을 모르다가 공기가 나쁠 때 괴로워합니다.

공기 좋은 산에 가서는 잠시 공기가 좋다고 기뻐하고는
금새 잊기 마련이지만
공기 나쁜 상태가 지속되면 계속해서 힘들어 합니다.
쾌적한 상황에서는 좋은 줄 모르고 있다가
지나치게 덥거나 추위가 연속되면 못 견뎌 합니다.

그래서 호재엔 둔감하고
악재엔 민감한 것이 우리네 감각기관입니다.

칭찬할 거리는 정말 많습니다.
일상적인 것이 사실은 좋은 것들입니다.
남들과 비교해서 좋은 것을 찾지 말고
그저 그 사람 본연의 것에 가치를 인정하고
아름답게 보는 연습을 한다면
그냥 모든 게 다 칭찬할 것들입니다.

부처님!
남과 비교하여 좋고 나쁜 것을 분별하여
칭찬하지 못해 온 어리석음을 참회합니다.
모든 생명에서 부처님을 볼 수 있는 혜안을 주소서!

제134일 (칭찬의 위험)

칭찬하는 것은 음식을 먹는 것과 비슷합니다.
양질의 음식을 먹으면 몸이 건강하듯
적절한 칭찬은 마음에 에너지를 주어 생기가 납니다.
하지만 아무리 좋은 음식도 과식하면 몸에 해롭듯
지나친 칭찬은 오히려 마음을 위태롭게 합니다.

사람은 누구나 인정받고 관심받고
사랑받고자 하는 욕구가 있습니다.
식욕, 성욕과 더불어 본능에 해당하니
잘 조절할 줄 알아야 합니다.
남을 칭찬하는 것은
남에게 맛있는 음식을 주는 것처럼 큰 공덕이 되니
당연히 늘 칭찬하는 습관을 기릅시다.
반면에 자기 자신에 대해서는
칭찬받고자 하는 욕심에서 벗어납시다.

직장이나 가족, 친구 등이 칭찬하지 않는다 해서
불만 가질 필요 없습니다.
칭찬은 내가 하는 것이니 남이 하길 바라지 맙시다.
인정받지 않아도, 관심받지 않아도, 사랑받지 않아도
내가 스스로 나의 길을 꿋꿋이 가다 보면
저절로 인정받게 됩니다.

부처님!
언제 어디서나 가장 적절한 칭찬을 할 수 있도록
지혜를 주소서!
부처님이 계시니 저는
아무런 관심, 인정, 사랑을 받지 않아도 됩니다.
저는 칭찬과 사랑을 주기 위해 태어난 사람입니다.

제135일 (본능)

본능적 삶을 살 것인가?
이상적 삶을 살 것인가?

축생과 인간에게는 다섯 가지 본능이 있습니다.
식욕, 성욕, 소유욕, 명예욕, 수면욕
본능을 외면하면서 살 수는 없지만
그렇다고 본능에 너무 충실해도 문제입니다.
본능은 약간의 금욕이 있어야
극복돼서 조절할 수 있어 평온해집니다.
본능을 극복하려면
이상적 삶에 관심을 가져야 합니다.
이상적 삶이란
보리심으로 깨달음을 향한 마음
진리를 구하고자 하는 마음
남을 돕고자 하는 마음 등을 말합니다.

부처님!
저희들은 먹을 것과 이성과의 사랑에
집착하며 살아왔습니다.
돈과 명품, 부동산, 의복 등의 물질에
집착하며 살아왔습니다.
인정 혹은 칭찬, 관심, 사랑받으려는 욕망에
집착하며 살아왔습니다.
외모와 평판, 지위 등에
집착하며 살아왔습니다.

그것으로 인해 지은 죄가 수미산보다 높사오니
오늘부터 이 욕망이 가져오는 불행을 깨닫게 해주소서.
그리하여 욕망에서 벗어나 참 진리에
눈을 뜨게 해 주소서!

제136일 (육신 집착)

육체가 편하게 있고 싶어하는 것은 본능적 욕구입니다.
음식을 잘 조절하면 몸과 마음은 더 건강해지듯이
본능적 욕구는 잘 조절하면
자신을 더 행복한 존재로 성장시킵니다.
반면에 조절에 실패하면
욕심과 성냄, 어리석음이 더 많아지게 됩니다.

육체를 편하게 두면 둘수록 몸은 더 무거워지고,
게을러지고, 짜증나며, 어리석어집니다.
그러니 몸을 움직여 일을 하여야 합니다.

다른 사람을 위해 쓰레기를 정리하기도 하고,
화장실 청소를 하기도 하고
요리와 설거지를 하기도 하며,
커피와 음료를 제공하기도 하여야 합니다.

매일 절에 들러 108배를 하거나
경전을 베끼어 쓰는 사경을 하십시오.

부처님!
몸에 대한 애착에서 벗어나게 해 주소서!
몸을 아끼지 않고 쓰는 것이
건강과 지혜에 득이 된다는 것을
잊지 않게 해주소서!
남이 해주길 바라기보다
내가 먼저 해주는 사람이 되게 하소서!

제137일 (안전과 위험)

우리가 살아가는 세상은
안전하면서도 위험한 세상입니다.
문명의 발달로
튼튼한 건물과 풍부한 먹거리와 의류가 있습니다.
죽을 위험 없이 마음 편히 거리를 활보할 수 있습니다.

원시시대나 전쟁, 전염병 창궐 등의
위험이 적은 세상에서 살고 있습니다.
그러나 아무리 안전한 세상에 살고 있다 해도
내면이 불안하면 결코 안전하다 할 수 없을 것입니다.
생각하기에 따라 아직도 불안한 세상에 살고 있습니다.
지구 온난화로 언제든 대멸종이 일어날 수 있고,
언제든 태풍, 가뭄, 지진, 화산 등의
자연재해가 일어날 수 있습니다.

언제든 핵전쟁이 일어날 수 있고,
교통사고나 병, 모함, 누명 등의 일이
일어날 수 있습니다.
결국 생각하기에 따라 안전할 수도 있고,
위험할 수도 있는 것입니다.

금강경에서는 세상 모든 일은 꿈같고, 환상 같으며,
물거품, 그림자, 전기, 이슬 같다고 하였습니다.
물질은 공한 것이고, 공한 것은 물질이기도 합니다.

부처님의 지혜라면 위험 속에서도 안전을,
안전 속에서도 위험을 봐서
늘 위기에 대응하면서도
편안한 마음을 잃지 않을 수 있습니다.

제138일 (움직임)

마음의 평온을 갖고 싶다면 고요히 앉아 명상하고
돈을 벌고 싶다거나 결과를 얻고 싶다면
몸을 움직이는 것이 유리합니다.

휴식하는 목적 이외에 집에서 쉬고 있다면
게으름이 찾아오기 쉽습니다.
게으름은 어리석음을 일으키는 근본이 됩니다.
어리석어지면 탐욕이나 성냄,
시기 질투 등의 마음이 더 커지게 되며
무능해지기까지 합니다.

그래서 휴식하는 목적이 아니라면
집 밖으로 나가야 합니다.
그리고 밖에 나가서 공부와 봉사를 꼭 하십시오.

직장이 있다 하여도 일부로 시간을 내서라도
공부와 봉사를 한다면 미래가 밝아집니다.

공부는 나의 정신적 에너지를 선순환하게 하고
봉사는 나의 물질적 에너지를 선순환하게 합니다.

부처님!
제가 게으름의 유혹에서 벗어나도록 인도하여 주소서!

제139일 (마음 보기)

마음을 나 자신과 따로 떨어뜨려 놓고
보는 습관을 가집시다.
내 마음을 하나의 인격체로 바라보면
마음이 더 잘 보이고 조절하기도 쉽습니다.

슬플 때 '마음이 슬퍼하는구나!'
외로울 때 '마음이 외로워하는구나!'
기쁠 때 '마음이 기뻐하는구나!'
시기 질투할 때 '마음이 시기 질투하는구나!'
화날 때 마음이 '화내는구나!'
욕심날 때 마음이 '욕심내는구나!'

내가 화내고 미워하는 것이 아니고
마음이 화내고 미워하는 것으로 생각하십시오.

마음을 만드는 것은 나 자신이지만
그 마음이라는 것이 환경에 영향을 많이 받습니다.
닦지 않은 마음은 어린아이와 같아서
상황이 좋으면 웃고 상황이 나쁘면 괴로워합니다.
나이가 들수록 마음이 성숙해져야 하는 것이 마땅하나
마음 훈련을 하지 않으니
상처만 받아 지치고 힘들어합니다.

부처님!
제가 저의 마음을 잘 알 수 있도록 인도하여 주소서!

제140일 (진정한 사랑)

많은 이들이 평생을 살면서
진정한 사랑 한번 해보길 원합니다.
진정한 사랑은 가능할까요?

준비된 사람이 아니면 진정한 사랑은 어렵습니다.
욕심과 집착, 분노, 시기, 질투, 의심 등의
번뇌가 많은 상태에서는
깊고 오래가는 사랑은 불가능합니다.
진정한 사랑을 하고 싶다면 그저 꿈만 꿀 것이 아니라
마음을 닦아야 합니다.

돈이 많다고 부자가 아닙니다.
마음이 가난하면 그 많은 돈이 마구니가 되어
도로 괴로움의 원인이 됩니다.
진정한 부자가 되고 싶다면 마음을 닦아야 합니다.

부처님!

제가 진정한 사랑을 하도록 인도하여 주소서!

진정한 부자가 되고 싶습니다.

당신의 마음을 제게 주옵소서!

제141일 (마음 알기)

이것이 있기에 저것이 있고
이것이 생멸하므로 저것이 생멸합니다.
자연은 봄여름가을겨울처럼 드라마틱하게 변화하고
생명들은 그 자연에 영향을 받아 변화합니다.
사람의 마음도 상황 따라 마음은 변해가니
변하지 않는 마음은 없는 것입니다.
변화의 진동 폭이 개인마다 다를 뿐입니다.
무면허로 운전하면 좌충우돌하여
자기뿐만 아니라 남까지도 피해를 주듯
마음의 성질, 성향, 본성 등을 잘 모르는 상태에서
마음을 자기 방식대로 고집해서 쓰면
자기도 상처받고 남에게도 상처를 주게 됩니다.

욕심과 무지, 성냄으로 살생, 투도, 사음, 거짓말,
폭행, 속임, 배신 등을 하는 이유는

마음을 잘 모르는 상태에서
마음을 마구마구 써버리기 때문입니다.

마음공부로 마음을 사용하는 법을 배워
남을 돕는 훈련을 하여야 행복할 수 있습니다.

부처님!
저는 마음이 뭔지 모르고 살아왔습니다.
그리하여 지은 죄가 수미산만큼 크오나
다행히 불법을 만나 마음 사용하는 법을 배우고 있으니
참으로 다행스럽습니다.
부처님께서 설하신 삼법인, 사성제, 팔정도, 12연기, 사
섭법, 사무량심이
제 몸과 마음속에 녹아들도록 세상 살아가는 것을
마음 훈련으로 알며 살아가겠습니다.

제142일 (꿈같음)

잘 돼도 좋고,
잘못돼도 좋은 것입니다.
영화가 비극이라도 감동이고,
희극이라도 감동이듯이…

몸이 아파도 좋고, 몸이 건강해도 좋습니다.
몸이 아프면 괴롭지만 그래도 내 몸인 걸 어쩌겠습니까?

재물을 잃고 빚이 많아졌다면 힘들고 괴롭지만
그래도 나의 길인 걸 어쩌겠습니까?
사랑하는 사람을 잃고, 배신당하고, 의지할 사람 없다면
힘들고 괴롭지만 그래도 나의 길인 걸 어쩌겠습니까?
오해당하고 구설수에 오르고, 비난받고, 따돌림당한다면
괴롭고 힘들지만 그래도 나의 삶인 걸 어쩌겠습니까?

모든 것은 꿈같고,
그림자 같고,
이슬 같습니다.

외부적인 현상들은 모두 파도와 같아
다시 평온해지기 마련입니다.

본 마음은
평등하고,
자비롭고,
아름다우며
고요합니다.

힘들 때든 좋은 때든 본 마음에 집중한다면
어떤 일이 생긴다 하여도 괜찮습니다.

제143일 (제행무상)

마음은 항상 청춘 같아요.
20대의 마음이나 40대, 60대, 80대의 마음은
항상 제자리에 있는 것 같아
이팔 청춘이고 늙지 않습니다.

마음 바탕이 본래 부처이니
늙거나 낡아지는 것은 아닙니다.
그런 본 마음으로 세상을 살아가면
힘들지 않을 테지만
세상은 마음을 그냥 두지 않습니다.

우주는 계속 변해갑니다.
순간순간 달라지니까
무엇이든 고정된 실체가 있는 것이 아닙니다.

본 마음이 그런 세상을 본성대로 대응하면 좋으련만
마음이 세상을 좋고 나쁨을 구분하면서
무명이라는 것이 생기게 됩니다.

무명은 점점 자라서 세상 모든 것을
좋고 나쁜 것으로 판단하게 되니
그로 인해 감각적 쾌락이 생기면 행복해하고
손해, 피해, 소외, 무시, 질병 등이 생기면
아파하게 됩니다.

비난받으면 괴로워하고, 존중받으면 즐거워하는
돈이 생기면 좋아하고 돈을 잃으면 괴로워하는
미인이라면 좋아하고 못생겼다면 싫어하는
그 자체가 무명망념에 의한 착각인 것입니다.

모든 것은 변해왔고 변하고 있고 변할 것입니다.
고정된 실체가 없으니
영원히 좋은 것도, 나쁜 것도 없이
순환하며 살아가게 됩니다.
지금 좋은 것도 나중엔 나빠지고
나쁜 것도 나중에 좋아지게 마련입니다.

부처님!
저희들은 지금껏 좋고 나쁜 것에 집착하여
나와 남을 괴롭혔습니다.
제행무상의 이치를 생활 속에 더 깊이 느끼고
알아차리게 인도하여 주소서!

찾아보기

마음을 찾아가는
참회 여행

발행일   2021년 2월 28일
지은이   황산 스님
펴낸곳   도서출판 도반
펴낸이   이상미
디자인   추추비니디자인스튜디오
편집   김광호, 이상미, 최명숙
대표전화   031-465-1285
이메일   dobanbooks@naver.com
주소   경기도 안양시 만안구 안양로 332번길 32
홈페이지   http://dobanbooks.co.kr